The Right to Write
An invitation and initiation into the writing life
Julia Cameron

あなたも作家になろう

書くことは、心の声に耳を澄ませることだから――

ジュリア・キャメロン
矢鋪紀子［訳］

風雲舎

〈はじめに〉

人はなぜ書くのか

一九六七年十二月、ジョージタウン・ライブラリーで、私は詩人テオドール・レトケの文章に出会った。「私は行くべき場所に行くことによって学ぶ」私の作家人生にぴったりの文章だ。

私はごく幼い頃から書き始め、成長するにつれ、より長くより多くのジャンルの文章を書くようになった。フィクション、ノンフィクション、映画、戯曲、詩、エッセイ、批評、ジャーナリズム、ミュージカルまでも。愛のため、お金のため、逃避のため、地に足をつけるため、関係をよくするため、関係を断ち切るため……ありとあらゆる目的のために私は書いた。三十年以上、書くことは仲間、恋人、友人、仕事、情熱だった。書くことは人生そのものので、ときには生きる理由でさえあった。

本書で私が勧めることは、ごく単純だ。ただ書くこと。私は本書で、自分が知っていることと私が実践してきたことだけを書いた。

本書は、マーケットやエージェントの見つけ方、句読点やスペルに関しては触れていない。アントン・チェーホフは「俳優になりたいなら自分に取り組め」とアドバイスしたが、同じアドバイスが書くことを志す人にも当てはまる。

作家としての人生は、人生全般と切り離せない。そのため、本書の多くのエッセイ、とくに「エクササイズ」は書くこととは無関係に感じるかもしれない。けれど、すべてが書くことに関連しているのだ。本書の各章はその項目を探求するための招待状で、「エクササイズ」はその項目を深める実践的な手引きと考えてほしい。

私は本書で、ただ書くために書くこと、つまり言葉を記すという純粋な喜びのために書くことを、あなたに勧めたい。「どのように書けばいいか」ではなく、「人はなぜ書くのか」がテーマなのだ。

では、私たちはなぜ書くのか。それは、書くことが人間の本性だからだ。書くことによって、私たちは世界を取り戻し、世界を直接、明確に自分のものにするのだ。あなたはスピリチュアルな存在だからこそ書くべきだ。書くことが強力な祈りと瞑想で、自分への理解を深めて、より高次な内なるガイダンスを与えてくれるから、書くべきなのだ。

私たちは、明晰に、情熱的に生きるために書くべきだ。書くことは官能的で、体験的で、地に足をつける行為である。書くことは、魂にいい影響を与える。しかも、作品がつぎつぎと生みだされ、自分が世界をどう感じているかを表現できるのだ。

そもそも私たちは、自分を作家と見なすかどうかに関わらず作家である。「書く権利」は生まれながらの権利であり、霊的な王国への扉を開ける。書くことを通じて、高次の力が私たちに語りかける。それらをインスピレーション、芸術の女神、天使、神、勘、直観、導き、あるいは単に偶然と呼ぼうがかまわない。ともかく、私たちは書くことによって自分より高次の何かとつながり、より多くの活力と喜びを得られるのだ。

私は本書によって、書くことにまつわる否定的な刷り込みを消し去りたい。人間は、前向きにさわやかに生き、霊的な源とつながって、可能性にあふれているべきではないだろうか。本書は、誰もに共通する問題とその簡単な解決法を示す実践的な本だ。

本書は書いてみたい人たちの応援団であり、すでに書き始めている人たちの同志だ。本書が行き詰まった作家を癒し、不安でいっぱいの作家を導き、踏みだせずにたたずんでいる作家の背中を押すことを、私は望んでいる。

私にはこんな幻想がある。それは、真珠で飾った門の前で、聖ペテロが私に重大な質問をするシーンだ。「天国に入るために、あなたは何をしたか」。「書くべきだと人々を納得させました」と私は答える。すると、大きな門がゆらりと開くのだ。

《目次》

あなたも作家になろう
書くことは、心の声に耳を澄ませることだから

カバーイラスト／朝倉めぐみ
装幀／山口真理子

1・はじまり

私は小さな松のテーブルの前で、山麓に向かい、東に面して座っている。私から見えるのは、空っぽの馬の水桶、青緑色の門と白いフェンス、ところどころ欠けたテラコッタの中にある小鳥の水浴びの桶、明るい黄色の庭用ホース、草ぼうぼうの庭、倒れたバケツ、そして肌寒い海岸で呑気に日光浴をする人のように、春の早朝の日差しにひたっている小さな愛犬マクスウェルだ。気温が上がってホースの氷が融けたら、私は馬の桶に水を満たすつもりだ。

私がこの書きだしで実践しているのは、自分が今いる場所から書き始めるという、基本的なコツである。「さあ書こう」という気分は、書くのに必要不可欠ではない。書くことは呼吸に似ていて学習すれば上達するが、重要なのはともかく実行することなのだ。

誰もが生まれつきの作家である。私たちは言語の才能をもって生まれ、誕生後数カ月のうちに世界を名づけ始め、所有という感覚や満足感を得る。言葉は私たちに力をくれるのだ。

私たちはよちよち歩きの頃、まず物をつかみ、そして言葉をつかむ。覚えた単語すべてが獲得物であり、私たちを豊かにする黄金だ。子どもは新しい言葉を覚えると、繰り返し口にして宝石のように輝かせる。言葉を蓄え、悦に入る。世界を名づけることで、私たちは主張するのだ。

新しい単語は驚きとともにやってくる。「ママと行く！」「ママ、ここにいて！」子どもの言葉は借り物の言葉ではなく、力強い。意志と興味にあふれ、情熱と目的がある。子どもは言葉の力を信じているのだ。

では、私たちはいつ言葉に対する力を失うのか。「言語に長《た》けていて作家になる人もいるが、私の言葉はいい加減だから、文章の世界には縁がない」と、思いこむのはいつか。

多くの人にとって、そういう振り分けが始まるのは、学校ではないだろうか。学校では、「よく書けている」かどうか評価されるようになるからだ。

しかし、「よく書けている」とはどういう意味だろう。学校教育では、それは簡潔で秩序正しい思考を意味する。正しい文法、事実の列記、起承転結。調子はずれな言葉や、革新的な言葉運び、自由奔放な連想や枝葉末節の描写は評価されない。つまり、若い詩人や作家が試したい才能すべては、レポートを書く訓練には含まれないのだ。

では、レポートにそんな文章を綴ったらどうなるか。「主題を掘り下げて」「主題からそれずに」と注意されるだけだ。学問の枠組みにおさまらない文章の真価を認める教師はきわめてまれである。

「熱くならず、人間くささを押さえること」学校では、文章は高尚な動機によってのみ書かれるべきと考えられ、まるで合理主義の蒸留水であるかのように、個性や情熱をぬぐい去った無味乾燥な散文に傾きがちだ。

一方、文章表現が禁じられている状況では、書くことはもっとも重要性を帯びる。囚人は石や土にメッセージを刻む。孤島にいる人はメッセージを瓶に詰めて海に流す。コミュニケーションが不可能になると、本来の欲求が頭をもたげ、人は死や手足を切断される危険を冒《おか》してまで、そうするのだ。これはきわめて健全なことだ。

しかし、現代文化では状況はもっと不健全である。書くことは禁じられていないが、書こうとすると勇気をくじかれる。書くためには文章上手というラベルが必要になる。学校では、正しいスペル、主題文、単刀直入な表現などを訓練され、論理が指揮官となって感情を押さえこむことを教えこまれる。きりなく編集し続け、ふさわしくない枝葉末節を削除しようとする。書くことによって自己表現するというより、自分を疑い、検査する訓練を受けるのだ。

ほとんどの人たちが「正しく、賢く」書こうとして神経をとがらせる。しかし、それは不可能だ。よけいな力が入っていないときのほうが、文章はうまく書けるからだ。私にとって書くことは、快適なパジャマでくつろぐようなもの。一方、現代文化では、書くことはまるで軍服を着こむようなもの。行儀のいい寄宿学校の生徒たちのように、言葉を整列させようとするのだ。

さあ、学校で習ったことなど忘れてしまおう。そもそも、後ろめたい楽しみこそが書くことの本質だ。気晴らしのために書き、見過ごせないほどおもしろいことを表現すればいい。高尚な動機なんてどうでもいい。

私は高尚な動機から書いたことはない。私がはじめて短編を書いたのは六年生のときで、転入生ピーターの気を惹くためだった。彼はハチミツ色の髪をして南部のアクセントがあり、南風のようにハンサムだった。私は彼のガールフレンドになりたかったのだ。彼は結局他の女の子とデートしたが、二十年後、私に「きみの文章には心を奪われた。でも怖じ気づいたんだ」と言った。

ピーターは怖じ気づいたが、私はペンと紙で彼を追いかけるうちもっと大きな楽しみを発見した。言葉で何かを追いかけるというスリルである。

書くことは、暑い夏の日に田舎のハイウェーをドライブすることに似ている。地平線に不思議なゆらめきが見え、私たちはそれを目指す。スピードを上げるとゆらめきは消え去るが、目を上げると再び遠くに見つかる。私たちはそれを目指して書くのだ。片思いに似ていると思う人もいるかもしれない。けれど私は、それよりましだと思っている。

つまり、書くことは「先取り」なのだ。鼻をひくひくさせて、ごちそうの匂いを楽しむことなのだ。焼きたてのパンは、匂いを嗅ぐだけで大好きになれる。匂いは、実際に食べるのとほとんど同じ満足をもたらしてくれるのだ。

脳は書くことを楽しむ。物事を名づける行為、関連づけ、洞察するプロセスを楽しむ。言葉を紡《つむ》ぐことは、おいしそうなりんごを摘むのと同じだ。

狙いを定めて書くことには純粋なスリルがあり、弓を引き絞るような興奮がある。想像力を駆使して地平線のゆらめきを正確に表現することは、挑戦する価値がある。しかし、表現しようとすることそのもの、そしてちらりと見えたものそのものにも、価値があるのだ。私はうまく書けるといい気分になるが、ただ書くだけでもいい気分になれる。

このエッセイを書き始めたときは、雲一つない青空だった。書き終えた頃、大きな雲が出てきた。ぶ厚い黒雲から雨の滴が落ちてきた。春の香りを含んだ風が吹きつける。雨のおかげで、馬の桶に水を入れなくてもよくなった。愛犬マクスウェルは家に入り、私の足元に身を寄せている。今日という一日も、このエッセイと同じように、ある場所から始まってまったく別の場所に移ったのだ。

カビールは「あなたのいる場所がどこでも、そこが入り口だ」と言っているが、それは書くことについても当てはまる。あなたがどこにいようと、そこがいつも正しい場所なのだ。何かを修繕したり、魂の靴ひもを結び直したり、高尚な場所から始める必要はない。ただ、あなたが今いる場所から始めること。

書くことは天気のようなものだ。ドラマがあり、形があり、一日をつくり上げる力がある。

いい雨が空気を清めるように、よく書けた日には魂が清められる。あなたは書いてもいい。そして、ただ、今いる場所から書き始めるだけでいいのだ。

エクササイズ

Ａ４の紙三枚に、あなたが今何をどう感じているかを書きだそう。肉体的にも感情的にも、あなたが今いる場所から始めること。心に浮かぶことはすべて書きだす。何を書いても間違いではない。ささいなこと、興奮、勇気、不安、幸福を書きだそう。この瞬間のあなたなら、どんなあなたでもいいのだ。思考や感情の流れを感じること。三ページ書き終わるまで、手を動かし続けよう。

２・書いてもいい

書こうとすると、たくさんのためらいが心をよぎる。書くことを、ただ言葉を綴ることでなく重大なことと考えるからだ。まず「書くことは苦行だ」という文化的な刷り込みがある。そのため、私たちは書こうとしないばかりか、思いがけず簡単に書けるとやめてしまい、「これは本当の文章ではない」と自分に言い聞かせる。

「親友のドリと一緒に夕食をして、ビデオを見て、あまり遅くなる前にドリにさよならのキスをし、書斎で少し書いている間、愛犬マクスウェルは私の足元で丸まっていた」といった走り書きは、文章とは呼べないというわけだ。あまりに日常的で、当たり前すぎるというわけだ。苦しまなくても作家になれることができ、書くことが反社会的な行為でなくてもいいなら、作家になれる人はたくさんいるだろう。

では、「作家」なるものがじつは存在しないとしたら？　誰もがただ書くとしたら？　書くことが、ただ書くという行為を指すとしたら？

出版して批判される心配がないなら、物語を創るという単純な楽しみのためだけに物語を書く人は増えるのではないか。日曜大工ではちょっとした書棚やピクニックテーブルまで作ってしまうのに、なぜ小説を書くことは挑戦不可能に思われるのか。

書くことを急流を筏《いかだ》で下るようなものととらえたらどうだろう。創造のプロセスという急流を下るスリルを味わうため、挑戦するのだ。賞を気にせず、アマチュアであっていいなら〈アマチュアという言葉は、ラテン語のamare〈愛する〉に由来する〉、多くの人たちが書くことを好きになるだろう。

書き始めるとき、私たちはしばしば書くことではなく、作家になることを視野に入れる。しかもその点について、私たちは信じがたいほど多くのでたらめを信じこんでいるのだ。

問題は、「書く人は作家である」という事実が発想に浮かばないことだ。そのかわり、「作品が出版される人が本当の作家だ」とか「文章を書いて生計を立てられる人が本当の作家だ」と思いこむ。ある意味で、他人から作家と認められる人が本当の作家だと考えているのだ。プロセスでなく結果にばかり目配りしていたら、不安で身がすくむのも無理はない。話す才能に恵まれている人でさえ、文章力には自信がなかったりする。白紙を見ると、全財産より大きな額を書きこまなくてはならない小切手であるかのように、萎縮してしまうのだ。

私は何度も、言語の才能に恵まれている人たちが「作家になりたいけれど、才能がないんです」と言うのを耳にした。「話すことは得意ですが、どうしても書けないんです」と言われることもしょっちゅうだ。

ノートに向かったとたん、会話での流暢さが凍りつくのは珍しくない。白紙を前にすると深刻になるのだ。そして、最初から磨かれた宝石のような文章を書きたくなる。間違い、くだけた表現、回りくどさはもってのほか。学校で習った、いい文章の条件がすべて頭に浮かぶというわけだ。

しかし、「作家」という言葉をなくし、書くことを「耳を傾け、名づける行為」という原点に戻すなら、いくつかの規則は消え去る。私たちが観察し、耳を傾け、ノートに記そうとしていることには、それじたい有機的に自ら形を作りだそうとする力がある。注意深く耳を傾ければわかる独自の規則があるのだ。強いて形を作らなくてもいい。耳を澄ませているだけで自然に形が生まれてくる。「書いてもいい」と思い、ただ書くとき、私たちは「正しく」書けるのだ。

エクササイズ

書くときの足かせを一掃しよう。三十分とる。ノートをもって喫茶店に行き、以下の質問に答えよう。

〈ステップ1〉

「作家」という言葉から連想するものは何か。「作家とは……」で始まる文章を、なるべく速く十種類書きだそう。

〈ステップ2〉

否定的な連想を肯定的な文章に置き換えよう。例えば、「作家は貧乏だ」は「作家には生活力がある」、「作家は気が変だ」は「作家は健全だ」、「作家は孤独だ」は「作家にはいい友人がいる」に置き換える。翌週は毎日、肯定的な文章を一つずつ書きだす。

3・耳を澄ませる

書くことは書きとめることであり、考えだすことではない。考えだそうと奮闘すると、書くことは高尚になりすぎ、手が届かなくなる。考えだそうとするとき私は背伸びをしてしまうが、ただ書きとめようとするときは緊張はなく、ただ注意力がある。

書くことはある方向に向かって進む技術であり、方向を決める技術ではない。アイディアを引き寄せる必要はなく、ただ聞こえてきたものを書き写せばいいのだ。しかし、書こうとして悪戦苦闘しているときは、耳を澄ませるというより無理に話そうとしている感じになる。

書くことが紙の上の演説でなくなったとき、エゴの多くは消えていく。「自分」の文章を意識的にいじくり回すのではなく、自然に生まれ出た文章に驚き、興味をそそられるのだ。書くことはもったいぶった行為ではなく、物事が明らかになっていくプロセスだ。作家は、自分の内側を通って生まれたがっている文章をただ書きとめる。作家には読者と同じくらい、次に何がくるのか発見する喜びがあるのだ。

作家の意図を伝えることを重視するなら、自分の賢明さを読者に理解させられるかが気になって、書くことが重荷になる。

しかし、書くことを「思考の自然な流れを書きとめるプロセス」と考えるなら、重要なのは作家の賢明さではなく、いかに正確に伝えているかという点になる。私たちはどれほど注意深く耳を傾けようとしているだろうか。自分の計画をがむしゃらに進めようとせず、コントロールを手放して、想像力を自由に流れさせているか。

「プロットを考えだす」か「プロットを書きとめる」か。「書くべきことを考えだす」か「心に浮かんだことを書きとめる」か。「上手に書こうとする」か「自分を通して生まれたがっているものに、心地よく取り組む」か。

ほとんどの人たちは、上手に書こうとして苦しむ。コミュニケーションをとると同時に相手を感心させようという、二重の仕事を自分に課すからだ。これでは書けなくなるのも不思議ではない。

書くことをテーマに書いている作家のうち、私が今まで読んだところではヘンリー・ミラーがもっとも自己宣伝がなく、正直に思える。ミラーのアドバイスはこうだ。

「あなたの目の前に広がる人生に、もっと興味をもつこと。人々、物事、文学、音楽……世界はあまりに豊かで、宝物や美しい興味深い人々に満ちている。自分のことは忘れなさい」

自分を忘れれば簡単に書ける。上手に書こうとせずただ書いていると、自分の内側から文章が流れだすのだ。そんなとき、作家は自意識のある著者ではなく、自己表現の器になる。そしてもっと上手に、もっとらくらくと書けるのだ。

エクササイズ

書くことを戦闘のようにとらえるのはやめよう。大きな木の下で幹に背中をもたれて座っているところを想像しよう。木の反対側には、あなたの心の中にいる「内なる作家」が同じように幹にもたれて座っている。あなたが創りたい物語について、「内なる作家」に聞きたいことを質問しよう。

4・時間

「一年間休暇がとれたら小説を書くのですが」よく聞く台詞《せりふ》だ。たしかに書くかもしれないが、書かないかもしれない。時間的余裕がないというのは、書けない理由としてありがちだ。しかし、私は「今、書きなさい」と言いたい。書くことを大げさに考えていると書きづらくなるが、日常的に書いていると書けるようになるのだ。「もっと時間が必要だ」という刷り込みがあると、すでにもっている時間を活用できない。「もっと多くの時間」を望み続ければ、目前の時間を無為に過ごすことになるだろう。

書くことに関する最大の刷り込みの一つは、集中するためには膨大な時間が必要だというものだ。しかし私は、そんな贅沢な時間をもったことはない。私の仕事のこなし方は、艶やかなシルクの一枚布を広げるというより、パッチワークを作るようなものだ。

今、わが家にはお客がいて、私は食事を用意し、馬にエサをやり、愛犬を散歩させるつもりだ。愛犬が望むほど遠くまで散歩するかはともかく、私はすべてをこなすだろう。ただし、書くべき原稿を書いてからだ。私はシングルマザー、フルタイムの講師、フィクションライターとして経験を積むうち、時間は待つものでなく、かすめとるものだと学んだ。仕事の時間は、かすめとるのだ。

ほとんどの人たちは「もし時間があったら」と夢想するとき、「もっといい考えが浮かぶだろう」と暗黙のうちに思っている。つまり、時間さえあれば浅はかな心を鎮めて深いインスピレーションに耳を澄ませられると想像しているのだ。この刷り込みがあると、書かざるをえない立場に陥らずにすむ。いずれ充分な時間をとるつもりなら、今インスピレーションに耳を傾ける必要はないし、今心に浮かんだアイディアは書きとめなくてもいいというわけだ。

講師をしていると、「一年間の休暇があれば、私も立派な小説が書けるのですが」と言う受講生にたくさん会う。しかし、休暇がなければ書けないというのは、本当だろうか。

書くことはともかく一つの文章から始まる。そして、文章は一瞬で生まれるし、そんな一瞬をやりくりして書いた文章を少しずつ積み重ね、小説は完成する。ありあまる時間は必要ないのだ。

法律家スコット・トゥローは、小説『推定無罪』を毎日の通勤電車の中で書き上げた。私の講座の受講生モーリーンは、幼い息子の世話とデザイナーとしての仕事をやりくりしながら、映画脚本を九本書き上げた。マイケルは通常の休暇を使って一年で一冊本を書き、修士号をとった。彼らは全員、時間ができるのを待つのではなく、書くための時間をつくりだしたのだ。

時間をかすめとって書くなら、いつでもどこでも書ける。自分の心の中にある創造性という井戸から水を引くコツを覚えれば、いつでもどこでも水を汲めるのだ。歯医者の待合室でも、飛行機でも、駅でも、アポイントメントの合間でも、昼食中でも、コーヒーブレイクでも、美容室でも、台所でタマネギを炒めながらでも。

仕事に追われている男性も、本当の恋をしていたら恋人に会う時間をやりくりするだろうし、もし時間がなくて会えないというなら、ただ彼女に夢中になっていないだけだ。書くことを愛していれば、そのための時間は必ず見つかる。

つまり、書く時間を見つけるコツは、目的意識からではなく愛から書くことだ。完璧に書こうなんてしないこと。小説全編を書き上げる時間をとろうなんて考えたらうんざりするが、一段落や一文を書く時間を見つけるのは大した問題ではない。そして、一文が集まって段落が生まれ、一段落が集まって小説が生まれるのだ。

新聞記者のアニーは、楽しみのために書く時間がとれるのをずっと待っていた。まるで、時間が幸運にも道端でひょっこり拾う一〇〇ドル札であるかのように。「積極的になって。時間はかすめとるものよ」と、私は彼女に言った。

するとアニーは、まず一日に十五分やりくりできることに気づいた。その後、十五分を二回とれることに気づいた。そしてほどなく、一週間に二回、数時間やりくりするようになった。書く喜びは、予測もつかない恋愛のようにアニーをとらえ、心の中に静かに入りこんでいったのだ。彼女は突然、「時間」があることに気づいた。

文章教室の講師アランは小説家志望だったが、休暇がとれたら書こうと何年間も自分に言い聞かせていた。ある日彼は私にふとそう漏らしたので、私は言った。

「どうして今じゃだめなの。今、書き始めなさいよ。そして休暇中にリライトすればいいじゃない」

「時間がないんだ。文章教室で講座をもっているだろう。教室で受講生たちが書くのを見ていなければならないんだ」

「それじゃ、受講生たちが書いているときに書けば。走り書きでいいのよ」

「僕もそう思ったよ。でも、それがどう展開していくか予想できないんだ」

「ともかくアイディアを一つ決めて、書けるところまで書いてみたら」

「だけどもし行き詰まったらどうするんだ。まとまらない話を書くほど暇はないよ」

「まとまらない話なんてないのよ。本当よ」

と、私は受け合った。アランは追いこまれており、それを自覚していた。

実際、アランには書く時間があったのだ。書く時間がない人なんていない。荒削りの文章を書き、まとまらない話を追いかけ、単語を走り書きし、面白半分に書くための時間はたっぷりあるのだ。時間に関する強迫観念は、じつは完璧さへの強迫観念である。完璧に書くために充分な時間をほしがるのだ。割に合わないことをして時間を費やすほど馬鹿でないという、安全ネットがほしいのだ。

「『モーニングノート』を書いてみたら。毎朝どうでもいいことを三ページ書いてみたら。私はそれを『モーニングノート』と呼んでるの。ただそれだけで創造力を発揮するセンサーが磨かれるわ」

数週間も経たないうち、アランは受講生に負けずに書くようになった。まず一つの文章、そして一ページと、彼は書いていた。収拾がつかなくなることを恐れて手をつけずにいた物語さえ書き始めたのだ。

「教え方も上手になったと思うよ」と彼は私に言ったが、それも当然だ。愛ほどはっきりと意志を伝えるものはない。アランの書くことへの愛はランプのように彼を照らし、そのおかげで受講生たちもよく見えるようになったのだ。愛から書き、自分への贈り物として時間をやりくりすると、不平の多い嫉妬深い傍観者ではなくなる。

書く時間を見つけるコツは、今の生活の中で時間をつくりだすことにあり、そこにこそ原動力がある。「本当の作家の生活」を思い描くのはやめよう。キーウェストの夕日が作家をつくるのでも、信託預金がアイディアを生むのでもない。誰もが作家であり、誰の人生も、作家の人生なのだ。

ローラは裕福な家庭の幼稚園児を教えている。レッスン計画、テスト、両親との面談などで多忙な毎日だ。それでも彼女は毎朝三ページ書く時間をやりくりし、夕食までの合間や土曜日にも書くことがある。さらに、この冬は文章教室も受講している。

「昔は書く時間がまったくないってこぼしたわ。でも、書きだしたらすべてが変わったわ。今では書く時間だけでなく、他のことのための時間もあるみたい。私はきっと鬱《うつ》だったのね。けれど、書くことで立ち直ったの」

書く時間をとると、自分の時間が生まれる。身の周りの状況を描写すれば、それらを味わえるようになる。すると、どれほど慌《あわただ》しい生活でさえ趣が加わるのだ。

エクササイズ

書くための時間は必ずある。時間に関する被害者意識を取り除こう。「連絡する暇がない」友人を五人思いだし、住所を確認する。一人につき二、三分で、心のこもったハガキを書こう。

5・下書き

私たちが書きたいと思っていることは、それじたい書かれたがっている。つまり、私が創造の衝動に駆り立てられるときは、私が創造したいと思っている何かが、誕生したいという衝動に駆られているのだ。そこで私の仕事は、紙に向かってその何かをあふれ出させることになる。極端な言い方をするなら、書かれたがっていることは私とは無関係なのだ。

作家になった当初、私は書きながら推敲《すいこう》しようとした。私は何時間も書いては書き直し、削除しては再びつけ加えて、長々と手こずった。まるで映画を撮ると同時にカットするようなもので、とてもストレスがたまった。

書くことと書き直しを同時にこなすと、気分に左右される危険性がある。気分が高揚しているときは文章はすべてすばらしい。しかし落ちこんでいるときはすべてがだめで、書くことが裁判と告発のジェットコースターになってしまう。私はもっと穏やかで淡々と書ける方法を見つけたくなった。平静な心で書きたかったのだ。

その後、私はまず判断を加えずに書き、あとで校正するという方法を学んだ。そして、その自由な書き方を「線路を引くこと」と名づけた。

ラフに書いていいと思ったら、らくらくと書けるようになった。はじめから完璧で賢い文章を書かねばならないという重圧から離れると、よりスムーズにより明確に書けるようになったのだ。あとで校正しても修正を加える必要はほとんどなかった。驚くほど多くの部分が、あとの細かいチェックにも耐えたのだ。これは本当に劇的な変化だった。とらわれがなくなると、武装を解いたかのように私は心からくつろいだ。寝場所を探す犬のように机の周りを十八回も回転しなくてすむのだ。

かつて書くことは楽しみだった。そう、私の仕事は書くことであり、書いたものを裁くことではない。私は、原稿はそれじたい内なる計画をもっていると気づいた。

私にとって、書くことは頭の中のメロディーに耳を澄ませるようなものだ。音符一つひとつが自分の向かう場所を知っていて、私はただそれを書きとめる。私の仕事は当面ただ思考をつかまえることであり、つけ加えたり飾ったりするのはあとでできるのだ。

何年もかかって、私は芸術家の無意識には水晶のようなパターンや形があることを知った。それらは闇の中で少しずつ育ち、やがてみごとな構成になる。私の仕事はそういった小さなものを書きとめ、自由に連想づけることだ。

作曲家エリック・サティは「曲の周りを数回散歩してから書くのが好きだ」と述べている。私もメモをとりながら、アイディアの周りを散歩する。もし何かが浮かんだら、私はその言葉に耳を傾ける。一見回り道のように見えても、それらが本当はどこへつながろうとしているのか、私は興味津々なのだ。パターンが一度に論理的に流れることを望まず、それらを自ら展開させていくことが大切だ。論理的な脳には二度めの下書きを書くときまでお休みしてもらう。線路を引くには、想像力に富む気まぐれな脳に活躍してもらうのだ。

私は話が行き詰まることを恐れない。ほとんどの道はどこかに通じているし、もし予期していなかった方向に展開するならそれもけっこうだ。書き進めながら校正する人もいるが、私はその方法はとらない。そのかわり私は、正式な線路を引く前にポイントAからポイントBへしるしをつける。毎日少なくとも数分間、私はしるしをつける。

最初から最良のしるしをつけようとして気を揉む人もいるが、それは二度めの下書きのときでいい。最良のしるしでなくてもいい。まずポイントとポイントを結ぶこと、それが最初の下書きの目的だ。しかし、作為をもたずに流れのままに書いていくと、最初の下書きがそのまま最良のしるしになることが多い。むしろ、予行演習しすぎると文章に潤いがなくなる。

下書きが終わったら推敲だ。下書きは荒削りで枝葉末節にあふれているが、何を付け足すかというより何を残すかを考えればいいのだから、よほどらくだ。

逆に、何かが足りないと思ったら挿入すればいい。文章の世界はとても広大で、あなたが述べたいことすべてを挿入してもいっぱいにはならない。書くことは情熱であり、情熱はあなたのご機嫌や気分には左右されないのだ。

作品は書かれたがっている。作品は、神が真の帰依者を愛するように、作家を愛しているのだ。書くことは、あなたが認めさえすればあなたの心を満たすだろう。それは、白紙を埋め、人生を満たすのだ。

エクササイズ

書くことは内なる世界の地図を描くのに役立つ。線路を引く作業の第一歩は、どの方向に線路を引くか思い描くことだ。

あなたは何を書いたら楽しいだろうか。ミステリー、短編、小説、歌詞、戯曲、詩？　複数のジャンルに惹かれてもかまわない。それは目移りというより、あなたにたくさんの面があることを意味する。手書きでなるべく速く、書いてみたいジャンルを十五分間書きだして、感情の地理感覚を養おう。

6・下手な文章

今日の夕空は劇的だ。強風が吹き、ぶ厚い雲が風に流され、雨粒が激しく叩きつけられている。西の地平線に沿ってアンズ色に細く輝いている夕日は、絹のネグリジェのように柔らかで魅惑的だ。今、すさまじい稲妻が光った。アニメ番組の剣のようにぎざぎざしていて、明るい黄金色だ。もしこの夕方について長々と書くなら、さまざまな考えが浮かんでは消えるだろう。

「暗くなる前に馬に乗ろうかしら……だめ、雨が降りだすわ」「家で本を読もう。すてきな雨の晩だもの……でもあの夕日、外に出て眺めようかな。だけど稲妻が……」

結論がはっきりしていなくとも文章は書ける。学校では思考を秩序正しく行進させるようにと教わった。まるで、思考が実際そんなふうに順序よく頭に浮かんでくるかのように。学校で習う作文は整理整頓されていて、よけいな修飾がない。この夕空のように幻想的な稲光りもなければ、ネグリジェのような雲もない。

そんな「上手な」文章は、結末を知っている映画を観るようなものだ。出来映えに感嘆しても、ぞくぞくしたり、涙を流したり、息を呑むことはない。そして、そんなふうに読者を興奮させるのは、しばしば「下手な」文章なのだ。うまく書けた下手な文章は、ニューヨークストリートのピザのようなもの。ちょっとパリパリしすぎていたり、生焼けかもしれない。けれどたしかに独特の風味がある。スパイスがきいていて、ジューシーなのだ。

だから逆説的だが、いい作家になるには下手な作家にならなくてはならない。火花を散らす夕空のように、思考とイメージを矛盾に満ちたものにしなければならない。つまり、気になったささいな点はすべて書きこむのだ。削除するのはあとからできる。

安っぽいメッキのアクセサリーから学ぶことはたくさんある。私たちは学校で「気の利いたことが言えず、気の利いた言い回しもできないなら、何も言うな」と習い、それを鵜呑《うの》みにした。しかし、もし下手に書いていいなら、じつはとても多くの人がとてもうまく書けるのだ。

大学で学位をとったばかりのキャロラインから、電話がかかってきた。キャロラインは溌剌として意気軒昂な文章を書く。機知に富み、鋭い切り口をもつ作家だが、今回は違った。

「今、論文を書いているんだけど、悲惨なの。読んでもいいかしら」

と彼女は泣きながら頼み、私はしぶしぶ承知した。そして彼女が読み始めた文章は、従順な兵隊のように行進していた。火花も情熱もなく、ただ義務だけが延々と続いた。上手な文章の最悪な状態が、そこにあった。

「わかった、もうやめて。どうしちゃったのよ。あなたの文章はとっても慎重だわ。まるで本心を悟られないよう細心の注意を払っているみたいね」

「自分の考えを述べるのが恐いの。教授とそりが合わないのよ。彼はあら探しばかりする奴で、私が好きなものはみんな嫌いだし、彼が好きなものは私が嫌いなの。私は今、彼が好みそうなものを書こうと努力しているのよ」

とキャロラインは白状した。

「いい作家になるかいい生徒になるか、選ばなきゃいけないわ。本心と文章を一致させなさいよ。そうすれば文章もましになるわ」

キャロラインは書き直すことに決めた。上手な文章がなぜこれほどひどくなりうるのか、私はいぶかしく思った。その二時間後、キャロラインから再び電話がかかってきた。

「聞いて」

彼女は力強く陽気な声で、歯切れのいい文章と皮肉な意見に満ちた論文を読み上げて、

「教授は気に入らないだろうけれど、私は本当にこう考えているの」

と言った。

「掛け金をつり上げたのね。でも、あなたは真心を込めたんだから、教授にもそれは伝わると思うわ」

私は電話を切って考えた。そう、それだ。あまりにも冷静で知性に偏《かたよ》り、計算された文章が続くと、真心が聞こえてこないのだ。

だから、私はタブロイド紙を読むのが大好きだ。タブロイド紙には、いい「下手な」文章が満ちている。タブロイド紙は読み始めたらやめられない。ちょっときれいな女性はみんな「絶世の美女」になる。犯罪者はみんな「極悪人」で、被害者はおしなべて「無力」で「何の罪もない」。殺人はきまって「陰惨」だ。タブロイド紙は実人生と異なり、いつも波瀾万丈、

だ。恋人たちは騙され、配偶者はあざむかれる。必ず裏切りがあり、忠犬は逆巻く水に飛びこんで溺れる主人を救いだすのだ。

だから、『ニューヨークタイムズ』よりタブロイド紙の読者のほうが多いのも無理はない。タブロイド紙は、超能力、必ずうまくいくセックスのコツ、五十年後に再会した双子をテーマにする。人々は天使に出会い、守護霊が囁いてくれたおかげで危機一髪を免れ、忠実な猫が大陸を横断して家に帰ってくる。タブロイド紙は仰天ニュースが大好きだ。そしてそんな驚きは、「上手な」文章には存在しない。

後日、キャロラインは弾んだ声で、教授が彼女の論文にかぶとを脱いだことを電話で報告してきた。

夜が更けていく。ネグリジェのような夕日もついにベッドについた。稲妻はどうどうと歩み去っていった。こんな文章は下手だと私はわかっている。しかし、おもしろいのだ。

エクササイズ

完璧主義は書くときの最初の障害だ。わざと下手な文章を書いて楽しもう。

〈ステップ1〉

タブロイド紙を三紙買い、読んでみよう。印象に残った記事を一〇個切り抜く。切り抜きはまとめてファイルに綴じる。気になる記事に共通する要素があるか。それらは陽気か、陰鬱か、奇妙か、心が温まるか。

〈ステップ2〉

三十分間とり、なるべく素早く、手書きでタブロイド記事を書こう。登場人物、出来事、台詞をでっち上げる。破天荒になること。宇宙人と会って結婚したとか、灰色グマから命からがら逃げだしたとか、五〇〇万ドルの宝くじに当たったとか。大胆に下手になぐり書きするのだ。三十分で書き終える。

7・書く人生

書斎の窓の外を見ると、私が朝のエサをやりに行くのをいらいらしながら待っている馬たちが見える。書いていないときの私にそっくりだ。私にとって書くことは、欲求を満たすことだ。書きたくないときや書くべきことがないと思うときも、春先のさわやかな日差しに誘われるように、なんとなく書いてしまう。自分の行動をすべて書きとめたくなるのだ。

娘を妊娠していたときは、娘がこの世に現れる頃のことを毎晩遅くまで書きとめていた。陣痛が始まったのはそんなある夜だった。子宮の収縮が始まったとき、私は「ついに陣痛が始まった」と書いた。それから夫を起こして、「きたわ」と告げたのだ。

気ままに書くことには大きな喜びがある。仲のいい友だちと鬼ごっこをするような、単純な満足があるのだ。書いているうちに現れる「私」は、ある種の友人との間に現れる「私」に似ていて、愉快な気分になれる。

心理学が好きな人は「書くことが好きなのはナルシシズムだ」と言うかもしれない。それはどうでもいいことだ。人は好奇心とともに生きるべきだし、書くことは私の好奇心をかき立てるのだから。

私は書くことを、モノローグではなく会話として体験している。書いていると、それまでの私が考えもつかなかった疑問が生じる。そしてもっと社会的な見方ができるようになるのだ。

詩人ジェームズ・ネイブはそれを「詩的なビジョン」と呼び、「どんな人でも身の周りに広がる詩の世界を見ることができる」と断言している。必要なのは、ただ自分に見ることを許すことだけだ。彼は、今この瞬間、興味をもったものに意識を集中することを勧める。仏教徒はそれを「マインドフルに生きる」と呼び、私は「ハートで生きる」と呼んでいる。ハート（heart）という単語には、芸術（art）や耳（ear）という言葉が入っている。つまり、書くことは「ハートの声に耳を澄ませる芸術」なのだ。

私は今、瞑想家が瞑想の効用について語るのと同じことを言っている。書いていると、たしかに世界は違って見えてくるのだ。それは漠然とした洞察とはかぎらない。私たちは紙の上で手を動かしながら手作りの人生をつくり上げる。自分の好き嫌いや熱中していることや嬉しいことについて、宇宙に明確に語っていると、何かが切り替わる。書くことは肉体的な作業であると同時に、心理的な作業でもあるのだ。人生を仕切り直すのである。

例えば、私にはちょうど鬱から抜けだしたばかりの知人がいる。彼女の最愛の人が遠くに引っ越してしまったのだ。彼との暮らしで彼女が感じていた喜びは、彼とともに消えた。「私はもう死ぬまでベッドにもぐりこんでいたいと思っていたの。でもふと、ベッドの中で書く気になったのよ。そして書いているうち、心を整理してこの件を消化できたの」と彼女は私に言った。

知人は書くことを消化に喩《たと》えた。しかし私にとって、書くことはそれ以上のものだ。書くことは栄養でもある。私は健康を保つためにも書かなければならない。一日中書き続ける人もいるが、私は一日三回書くのが好きだ。あたかも食事をするように、舌鼓を打ちながら嬉々として記すのだ。

私が書く内容は、何かの出来事だったり、何かが起きるといいなという期待だったりする。気に入った言い回しや興味をそそられるアイディアについて書くときもあり、私はそれを口の中で果物のように味わう。

私は最近、マンハッタンに住む背の高い多忙な男性と友人になった。翌日、「デイビッドの人生は垂直だ」という言い回しがひらめいた。つまり、彼の一日は朝早くから夜遅くまで毎日仕事がぎっしり詰まっていて、まるで晴れた空へジェット機で飛びだしては再び真夜中になるという繰り返しだからだ。

一方、ここニューメキシコでの私の生活は、小さな牧場で過ごす水平的な暮らしだ。三方を山に囲まれているが西は開けていて、一〇〇マイル先まで何もない。私は作家としていつも遠くを見つめ、遠くからこちらに向かってくるものを見つめている。平原を大股で近づいてくる雨だけでなく、人々、出来事、状況なども、じっと眺めるのだ。私は、来るべき物事のイメージを目を細めて見つめ、それらの焦点がだんだん合ってくるプロセスが好きだ。

そして、書くことはまさに何かをはっきり見ようと意識し、見たいものに双眼鏡の焦点を合わせる行為なのだ。文章教室の講師コリーン・レーは、それを「心の中の映画」と表現している。

書くことは、観察者としての私たちが現実世界と踊るダンスだ。フィクション作品でさえ、それは当てはまる。書斎の窓の外にそびえるセイクレッド・マウンテンが実在するように、私たちが書こうとしているものはすでに実在している。私たちの仕事は、ただ注意を向けてその存在に応え、形にすることだ。

私はときどき、他人には危なっかしく見えるダンスに繰りだすとき、「なぜそんなことができるのか」と尋ねられる。その答えは、書くことで私は人生を一新できるからだ。書くことによって思考が生まれ、書くことじたいが私を育むのだ。人生で困難に直面すると、私はともかくそれをテーマに書く。

例えば、今週はじめ、私は編集者から悪意に満ちたことを言われて傷ついた。作品にひどく無様な朱筆を入れられたのだ。私が編集者に電話で「私は大人です。訂正は自分でします」と不平を述べたとたん、思ってもみなかった個人的な攻撃を受けた。

その編集者は「書かない作家」だった。しかし、私は自分で書き、幸せに暮らしている。彼の攻撃は、彼自身のみじめさに辛辣な批判と嫉妬が混ざっていた。毒々しい攻撃を受けた私はよろめきながら電話を切った。そして「みじめな人」という詩を書いた。自分への処方箋として。

みじめな人

ああ、みじめな人よ。あなたの足の棘とともに
歩くことの、なんと難しいことか。

刺された傷から血が流れる――
なぜ別の人生を歩みたいという自分の熱望と
きちんと向き合わないのか。

ああ、みじめな人よ。ガラスの上を歩く人よ。
あなたの魂は、引き裂かれ傷ついている。
なぜあなたは濡れ羽色の髪を切り捨てたのか。
なぜあなたは不毛な苦しみの中をよろめいているのか。

みじめな人よ、私は毒を飲む前のあなたを覚えている。
高慢で獰猛《どうもう》なあなたを。
我を忘れる飲み物を口にする前のあなたは
あれほどに輝かしく優雅で、
太陽とともにあったのに。

みじめな人よ、あなたは何をしたのか。

なぜあなたは自分の羽根を引き抜き
自分のくちばしによって血を流しているのか。

みじめな人よ、私に話しなさい。本当の名前を告げなさい。
口にしないがために感じている恥辱を言いなさい。

みじめな人よ、自分が誰だか思いだしなさい。
その大きくえぐれた傷跡。
あなた自らがなしたこと。
尖った石の上で足から血を流しながらの、犠牲の大きいダンス。
あなた自らがなしたこと、それを許して家に帰るのだ。

書くことは錬金術だ。詩を書くと、私はぎすぎすした思考から包容力のあるハートに視点を移して、もう犠牲者ではなくなった。自分を取り戻し、傷は芸術として蘇った。
書くことは薬であり、どんな困難に襲われたときもふさわしい友である。書いていると創造力だけでなく観察力も発達する。事件が起きても、書くことによって人生をリライトできるのだ。

私は昔の恋人と連絡をとるくせがある。なぜなら、書くことによって、昔の恋人は旧友に変わるからだ。人間関係は風景のようなもので、それを照らしだす光は季節によって移ろう。書くことは光であり、新しい舞台の上に愛を描き直すのだ。

書くことは、映画の撮影レンズのようだ。クローズアップもできるし、ズームを引いてより大きな風景の中で見直すこともできる。書くことは心の中の映画を観察し、編集し、BGMを加え、ナレーションを入れることだ。

あるとき私はこう書いた。

「デイビッドはカーテンの向こう側から現れ、ふいに私に手を差し伸べた。そして私たちは友人になった」

そのとたん、私ははっと気づいた。私はカーテンを引いた中で暮らしていたのだ。誰かが大胆に現れて驚かされるなんて、期待もしていなかった。デイビッドの登場は興味深い出来事の始まりであり、私は書いたことでそれに気づいたのだ。

文章が引き起こす展開は鍵に似ている。それは扉を開きモーターを始動させる。鍵もペンも片手に収まり、両方ともほんの少しの動きで物事を変化させる。私は川に櫂《かい》を浸すように人生にペンを浸す。体の筋肉が川の飛沫や手応えを愛するように、心の筋肉も創造的な川のしぶきや手応えを愛している。私は自ら進みながら、旅をつくり上げる。仰向けになって休んでもいいし、どんどん前に進んでもいい。岸に沿って進んでも、真ん中の急流を進んでもいい。そう、書くことは冒険なのだ。

エクササイズ
あなたの人生は書くに値する。さあ、あなたの人生について書いてみよう。十五分間、手書きで、あなたが今変化を起こしたい状況について書こう。例えば「新しい上司に慣れる」「妹に対する怒り」「恋人と一緒に住む」「愛犬の健康に対する心配」などだ。

8・気分

今日、私は書く気がしない。考えがまとまらない。重苦しくいらいらする。元気いっぱいなのは心の中の検閲官だけだ。三十五年間フルタイムで書いてきたことは、この際なんの助けにもならない。内なる検閲官は「あんたは書くことについて何を知っているのか」とがなり立てている。

しかし、書く気にならなければ書けないということはない。気乗りしなくても、ともかく書き始めれば、もう少し書こうという気になってくる。もともと人には書く衝動があるのだ。書く衝動は人間の原始的な本能だ。それは、名づけ、秩序づけ、自分の体験をコントロールしたいという衝動である。子どもの頃、自分の名前を綴る文字や世界を形づくる単語を習ったときに感じた、大きな喜びと同じなのだ。

電話が発明されて書く衝動はいったんは埋もれたが、EメールがそのバランスをIり戻そうとしている。人は書くことが好きだからこそ、Eメールが好きなのだ。Eメールは瞬間的なので、内なる検閲官をたくみに排除する。Eメールはまるで授業中に回すメモのように秩序がなく、書くことにまつわる権威がない。だからこそ人はEメールを書きたくなり、「また連絡する」という走り書きを送信できるのだ。

書くことを大げさにとらえると、書きづらくなる。書きたい気分になれないときは、自分をエサで釣ればいい。「二十分書いたらドキュメンタリーを見よう」というふうに。

また、児童書作家で編集者のエリザベスのように、作業を簡単にこなせる項目に細分化して自分を励ます方法もある。

「一冊書かなきゃって思って嫌になるときは、自分に『コンピュータのスイッチを入れて一章だけ書こう』と言うの」

そして一章書き終わると、たいてい二章、三章と続けられて、仕事は少しずつはかどる。

「間抜けみたいだけど、本当に簡単にだませるのよ。心の中の作家に『ほんの十分だけね、いい子だから』って言うの。そんなふうに四十年続けてきたわ。でもね、もちろんごほうびもあげるのよ。内なる作家にホットチョコレートをごちそうするとか、手紙を書くときはきれいな切手を使うとかね」

私の母も毎日書いていた。コーヒーが入るまでの二分、朝食の皿洗い後の十分、子どもたちがピアノ練習や宿題をしている合間などをかすめとって、母は書き続け、私はそんな母の姿を見ながら育った。

母は一九七九年に亡くなった。死の数カ月前、母はロサンジェルスにいた私を訪ねてくれた。私はなんとか正気を取り戻したところだった。当時私は生まれたばかりの赤ちゃんを抱えて、離婚したばかりだった。私は別れた夫に未練があったが、残された家族をまとめ、作家として生計を立てようとしていた。

母は帰ってから手紙をくれた。私はその手紙を、寝室のタンスの引き出しと心の中にしまってある。母は手紙に、私を誇りに思っていること、家庭を切り盛りしていることに驚いたこと、とくに私の子育てに感心している、と書いてくれた。母は電話で同じことを言ったかもしれない。けれど心に残ったのは、母がそれを紙に書きつけてくれたことだった。母は私を愛していたからこそ、わざわざ手紙を書いたのだ。

母の手紙は、愛のしるしとして書くことの美しく力強い例だ。母には七人の子どもがいたが、子どもたちが学校を卒業するとそれぞれに手紙を書いた。父の母ミミにも定期的に手紙を書き、まわりくどい長い返信をもらっていた。母は姉妹とも文通していた。ちょうど現代のEメールのように、手紙は母の机の上を日常的に行き来したのだ。私は母から書くことを大げさにとらえる必要はないことを学んだ。

気分が乗ろうが乗るまいが書き続けていると、書く能力を自分でコントロールできるようになる。書き始めるには、魔法の国で岩の上にぽつんと立ってインスピレーションの風が吹くのを待つ必要はない。書くことは芸術だが手仕事であり、日々の雑事と同じように着実にこなせる単純な作業だ。ハンマーで釘を打つのと同じように簡単なのだ。

内なる検閲官がわめき立てていても、ペンをとってノートに向かうこと。「書くにはふさわしくない」と思うときこそ、あえて書くこと。疲れているとか、心配事があるとか、書かない理由は考えだすといくらでも見つかる。しかし、それはごまかしなのだ。

最近、私はレジネという美しく情熱的な若い作家と話した。彼女は完全な形でふいに頭に浮かぶ詩を書きとめていた。私はレジネに、芸術の女神をきまった時間にお茶に招待するよう言った。詩から神秘のベールを脱がし、淡々と書けるようにアドバイスしたのだ。

レジネの関心はもっとたくさん詩を書くことだが、秘密の恋人のように訪れる詩の魔法を失うことをためらっている。

創造性は移り気な恋人のようにいつ逃げ去るかわからないという考えは、ロマンチックだ。しかし創造性はランプであり、ロウソクではない。私たちが書きたいのと同じくらい強烈に、何かが私たちを通して書かれたがっているのだ。ただ時間と忍耐があれば、それがわかる。

「ただノートに向かうのよ。あなたがそのときいる場所から始めるの。書き始めれば、何かが向こうからやってくるわ。ちょうど電気のスイッチを入れるようなものよ。流れはそこにあって、動き始めるの」

「でも、そんなふうに書いたものは私は大嫌いなの。自意識過剰だから」

と、レジネは言う。

レジネは書くことによって我を忘れることを望んでいる。それは私にも理解できる。書くことはときどき、熱に浮かされた恋人のように私を連れだしてくれる。しかしたいていの場合、書くことと私は、忙しい平日にセックスしたくてもどう始めたらいいかわからないカップルのように歩み寄る。

「書くものすべてを愛するのよ。恋人だって、調子のいい日も悪い日も、気難しい日も上機嫌な日もあるでしょ。どんなときもありのままを受け入れるの」

私はレジネに、私が内なる作家をエサで釣る方法について説明した。おいしいコーヒーを用意したり、すてきな刺繍のある椅子を買って心地よい日差しの当たる窓のそばに招待するのもいい。「〜すべきだ」といったことばかり書いていると内なる作家はいじけてしまうので、遊び心を忘れないようにする。やがて内なる作家は私を信頼し、愛想よくなったのだ。

ある日、レジネはふいに私に言った。

「書きたくないときに書いたものでも、あとで見直すとよかったりするの、なぜかしら」

「気分は流れる雲に似ているの。雲で日が陰ると、美しい風景も暗く見えるのと同じよ」

「でも実際、気分に左右されて失敗することもあるでしょ」

「ないわけじゃないけど、あとから修正すればいいわ」

「修正するのは嫌いよ」

と、レジネは鼻を鳴らす。私は対抗して、

「私は好きよ。自分の作品のレベルを見るのはおもしろいわ」

と言った。そう、ちょっとした小細工を活用してあとから修正するのは簡単だ。

例えば、「段落を短文で構成してみる」「反復を入れる」「会話を挿入する」「間接話法を使う」「事実を打ち壊すイメージを入れる」「事実描写を挟んでイメージ過多から抜けだす」など。

「ねえ、レジネ。小細工を使うと必ずいい気分になるのよ。とにかく試してよ」

馬たちは書斎の窓ごしに私を見つめている。太陽が山から昇ると彼らの主人は起きだし、コーヒーを飲み、そして書きものをする。彼らは囲いから一五フィート離れた書斎の窓ごしに私を眺める。馬たちにとって、私が書きものをするのは日常の風景だ。

今朝、私は書きたい気分ではなかったが、今はおもしろくてやめられない。私の文章も、少なくとも私の馬と同じくらい気まぐれだ。今、愛馬キャロライナのたてがみは山向こうの太陽に照らされて光っている。彼女はフェンスに首をこすりつけ、耳を立てて何かに耳を澄ませている。

私はいいタイプライターの音を聞くと、子どもの頃飼っていたポニーの素早いひづめの音を思いだす。

今朝、私は書きたくなかった。しかし今、書いたことに喜びを感じている。

エクササイズ

「書く気分」にならないと書けないというのは間違いだ。じつはどんな気分も書く気分としてふさわしい。コツは、気分に関わらずただ書きだすことだ。

簡単な実験をしよう。十五分間とる。なんらかの感情をかき立てる状況を思い浮かべよう。

例えば、「パートナーに腹を立てている」「私は落ち葉が大好きだ」「母親の健康が気がかりだ」など。

そのときの気分や感情に充分浸りながら、手書きで十分間書く。その後五分間、書いたことで気分がどう変わったか書きとめよう。よく観察すること。もっと幸せになった、悲しくなった、腹が立った、怒りが少しおさまった、希望を感じた、決心した……何でもいい、メモをとろう。

9・ごたごた

作家が作品を書くには物理的条件がたくさんあると考えられている。例えば、書斎だ。私にも書斎はあるが、台所のテーブルの上のメモ帳や、車に乗っているときの膝の上や、騒々しいカフェで、書斎で書くよりもっと多くのものを書いてきた。

ヴァージニア・ウルフが「書くためには自分の部屋が必要だ」と述べたのは、書くためには他人の欲求やごたごたとは距離をおき、神経を集中しなければならない、という意味だったろう。つまり、物理的な書斎というより、ごたごたに巻きこまれないことの重要性を言ったのではないか。

ドアを閉めて私たちと世界の間にバリアを置くというのは、物理的な問題だ。しかし誰もが知っているとおり、物理的なバリアには限界がある。ドアの向こうの出来事に心を奪われたままなら、書く妨げになる。大切なのは物理的でなく心理的なドアであり、他人の侵入をくい止めるドアなのだ。

私は娘ドメニカがはいはいし、よちよち歩きで私にまとわりついていたとき、たくさんの映画脚本を書いた。電話に出て、おむつを替え、泣きわめくドメニカをなだめ、そして書き続けた。当時、私は日常生活と言葉の流れの両方に足を突っこんでいたのだ。

なぜそれが可能だったのか。私は自分と取り決めたのだ。取り決めとは、「ごたごたに巻きこまれない」とても単純だが、それが作家の心の冷静さと作品の完成を保証する鍵である。ごたごたが発生したら「書いてから考えよう」というのを習慣にするのだ。

このところ、私のもっとも大切な親友二人が争っている。二人とも私に定期的に電話をかけ、不満を言い、「もう絶交だ」と息巻く。私は「あなたの気持ちはわかるわ。でもエスカレートしないで。二人ともいいところがたくさんあるって思いだしてよ。ずっと仲よくしてきたし、今だって本当はそうよ。そのうち丸く収まるわ」と、穏やかに優しく言う。

私は完全に中立を守り、どちらの味方もしない。それは、私が聖女だからか。とんでもない。私は内心「二人とも馬鹿じゃないの、もっとましなことをすればいいのに、書きものでもしたら」と思っている。

私の場合、「書きものでもしたら」という心の声が聞こえると、机に向かって書き始める。

親友たちが大喧嘩をしていても、放っておいて書くのだ。冷たいと思う人もいるかもしれない。しかし、それは努力して修得した冷たさだ。人間関係のごたごたに巻きこまれて疲れ果て、心が千々に乱れて書けなくなるという苦い経験から学んだのだ。作家にとってごたごたは毒薬だ。みすみす戦いに巻きこまれれば、破壊的な結末が待っている。

「あいつったら！」

と親友がわめいても、私は注意深く中立の立場を守り、静かに告げる。

「ちょっとごめんね。書かなくちゃならない原稿があるから、失礼するわ。あなたたちならきっとうまく解決できるわよ」

そして私は原稿に向かう。創造活動には時間が大切だということも、私は自分で学んだ。日々は無数の瞬間から成り立ち、私たちは毎瞬選択できるのだ。

二十分間書くか、それとも電話で嘆きの壁を演じ続けるか。

二十分間愛犬を散歩に連れだして物語の構想を練るか、それとも妹に「散歩の時間もとれないの。みんなに振り回されてうんざりだわ」と、愚痴の電話をかけるか。

ごたごたに巻きこまれないというのは、冷たく洗練された自己中心主義だ。そして、空いた時間を快適に使うという創造的な自己節制の練習でもある。

私は、私の目的に役立つごたごた以外は、どんなごたごたに巻きこまれることも拒否する。

もしあなたが私にごたごたを持ちこんだら、私はただその内容を書き記すだけだ。

エクササイズ

ごたごたに巻きこまれると感情の距離感覚を失ってしまう。客観的になって状況を外から見つめる訓練をしよう。

三十分とろう。あなたが大好きなものを一〇〇、リストにする。書き上げたら財布か机の引き出しにしまうこと。ストレスに押しつぶされそうなときはリストを読み返す。これはごたごたにうんざりしたときの処方箋で、幸福感を取り戻すのに役立つ。

10・苦しみ

私がハリウッドを騒がせた離婚劇のまっただ中にいた頃のことだ。友人と称する人たちがアメリカ各地から不倫をした夫の最新記事の切り抜きを郵送してきて、私を唖然とさせた。夫は最近有名になり、同じくとても有名な私の友人と駆け落ちしたのだった。どうして私がそんな記事を読みたいと思うだろうか。

消息を知らせてやろうという親切心か。旧交を温める挨拶状か。私が感じたのは、サディズムだった。有名人であっても心の痛みは免れられない。不倫はただ不倫なのだ。

それ以来、「切り抜き」という言葉は、私にとって不吉なイメージをもつようになった。それらの記事は私の心やプライドを文字どおり「切り抜いた」のだ。「捨てられた妻」、なんという自己イメージだろう。

私は激怒した。しかし、「なぜそんなことができるのか」という疑問は忘れよう。ともかく、彼らはそうしたのだ。本当の問題は、「私はどうするつもりなのか」だった。物事を正すにはどうしたらいいか。「書こう」と私は決意した。私の人生をゆがめた、愛、友情、裏切り、復讐について、映画の脚本を書こう。そして、私はその苦闘を支えるため、新しい道具を発明した。それが「苦しみの壁」だ。

私は切り抜きを焼き捨て、引きちぎり、引き出しの奥に突っこんで無視するかわりに、感情は燃料であり、心の痛みは書くエンジンになることを思いだした。当時の私のライティング・ステーションは小さな十八世紀の机で、庭に向かって長いフランス窓に面していた。そして、窓にかけたモスリンのカーテンに、私は記事を留めたのだ。私は書きながら、苦しみに耐えかねて何度も「とても無理だわ」と思った。すると別の小さな声が私に話しかけるのだ。

「いいえ、できる。このことを書くのよ。あいつらに負けちゃだめ」

そんな囁きに励まされて、私は切り抜きをチラッと見上げ、書き続けた。夫が新しい恋人、そう、私が友人だと信じていた彼女と踊っているところ。頬を寄せ合う二人を見ると、アドレナリンが私の指先に駆け上がった。そして、くすぶる怒りと恨みの灰からフェニックスが飛び立ったのだ。毎日切り抜きを眺めるうち、「苦しみの壁」と原稿は高く積み上げられていった。脱稿して何日かあと、エージェントが原稿をパラマウントに売った。

あなたも私のように、否定的な感情を燃料として肯定的に活用できる。私の原稿は裏切りの苦痛と怒りから生まれたが、書き始めたとたんストーリーは事実を離れていった。実在の人物をモデルにした登場人物は、すぐに独自の主張や意見をもつようになり、物語は私の手を放れて自ら展開し始めた。復讐や面当てのために書き始めても、それは完璧にすばらしいスタートである。というのも遅かれ早かれ、あなたには創造的な意志と独創性があることが明らかになるからだ。現実とはまったく異なる物語世界が心に浮かび、ペンを走らせるとき、実体験の詳細にこだわり続けることはまず不可能だ。

友人のトレントは政治記者だ。彼は持てる者と持たざる者の争いに関して、難解で大部の研究書を著している。作家トレントは戦士だ。日ごと年ごとに実力をつけ、能力を最大限に生かして善戦を続けている。トレントのペンは止まらない。そして彼の原動力の一部は、彼の「苦しみの壁」なのだ。

トレントは、彼の社会的良心に火をつけたすべての記事をファイルに保存している。ファイルは日々更新され、トレントはエネルギーが衰えるとそれを刺激剤として活用する。書く気力が失せてくるとファイルを開き、社会的不正義への怒りからエネルギーをかき立て、再び原稿に向かうのだ。

また脚本家ハワードは地獄のような苦悶と劇的な離婚の最中、実体験をモデルに脚本を書いている。身長、体重、髪の色など、礼儀正しく変更された点もあるが、脚本からは別居中の妻の姿が鮮やかに浮かび上がる。それは私が今まで読んだ中でもっともおもしろい作品の一つで、彼の苦痛を悲痛なほどおもしろく描きだしている。私の知っている映画監督は「一千万ドルの家庭ドラマだ」とコメントした。その映画はたしかオスカー賞にノミネートされたはずだ。

私は復讐のために書くことを提唱する。面当てのために書くのだ。あなたは「失望」というガラクタを「達成」という金塊に変化できる。長い目で見るなら、あなたは書くことによって自分に自分の力を証明するのだ。

エクササイズ

心の傷を隠してしまうと書く妨げになる。それらは無意識の中に潜み、不可思議にも書くエネルギーを吸いとるのだ。そんな創造力の敵は、意識すればやっつけることができる。創造力の敵について書くコツを学ぼう。あなたの「苦しみの壁」の性格を明らかにし、それらの破壊力に対処する方法を学ぶのだ。

〈ステップ1〉

三十分とる。あなたを批判したり軽くあしらったり邪魔したりして、創造力を奪ってきた怪物の名前を三人書きだそう。次に、面当てしてやりたい人を三人挙げる。前のリストと共通するかもしれない。

〈ステップ2〉

空欄にリストの名前を挿入して、以下の文章を書きだそう。

1. 私は、私の創造力を奪う怪物が何を言おうとも、成功する。
2. 私は、(○○)(□□)(△△)とは縁を切る。私は自分自身の運命を生き、成功する。
3. 私は怒りを意識することによって、それを活用し、否定的な気持ちから自由になって、自分らしく書く。

この独立宣言をどこかに貼ったり、引き出しにしまっておくのもいいだろう。

11・体験の価値

私たちは、本当は自分が知っているよりはるかに大きく、すばらしく、深くて、つねに創造力に恵まれている。しかし、私たちは自分の能力に思いを馳せ、誇らしく思うことがない。才能に目をつむり、自分の声には耳をふさいでいる。なぜだろうか。

自分の価値を知りたくて、私たちは他人に確認を求める。しかし、私たちの企てが彼らを不安にする場合、彼らにはその偉大さを認められない。彼らには想像もつかない大きなビジョンがあるとき、彼らは私たちのしていることを応援できない。

そんなとき、彼らはささいな点を挙げてあれこれ言うだろう。多くの人にそんな体験があるはずだ。

例えば、ドレスアップして出かける準備をし、すっかりいい気分でいるとき、「その服、ちょっとほつれているわ」と水を差されたことが。輝いている全身を眺めないで、小さな不完全さを指摘するのだ。

書いていると、しばしばそういう「あら探しをする人」と出会う。ほとんどの教師はレポートを採点するとき、あら探しをする。文法的な間違いはすべてチェックしても、「この文章はすばらしい」なんてコメントはつけてくれないのだ。

今朝、私は若い劇作家と話した。彼はすばらしい脚本を書き上げ、演出にも関わって上演にこぎつけた。感傷に流されない劇で、大成功の出来映えだった。演出は機知に富み、的確だった。ところが、劇作家仲間は嫉妬のあまり批判した。あら探しに終始するコメントを聞くうち、彼は自分の成功が信じられなくなってしまった。

大切なのは、小さな自分と大きな自分の両方を保つことだ。芸術家としての私たちは、初心を忘れず状況を正確に把握するために、小さな自分を意識していつも控えめでなくてはならない。自分が達成したことも重要だが、新しい体験や知識にも心を開いていなければならないのだ。つまり、的確だろうが的はずれだろうが、あらゆる批判や批評を大きな視野でとらえられる、大きな自分も必要だということだ。

もっと多くのもっとすばらしい作品を生みだすためには、繊細かつねばり強くあらねばならない。そのためにはどうしたらいいか。

その答えとして、人々はしばしば「自制心が必要だ」と言うが、私は的はずれの表現だと思う。よりふさわしい答えは、「日常性を大切にすること」だと言いたい。日課を確立して、創造活動を日々機械的にこなせるようになればいいのだ。私の場合、それは毎朝三ページを手書きで書くことだ。三ページ書き終わり、馬にエサと水をあげてから、私はさらに数ページ書く。

皮肉にも、なんとなく書きとめたことをあとで読み返すと、必死になって書き上げ、出来映えに満足している作品と同じ価値があることも多々ある。長い目で見れば、書きやすかったか書きづらかったかは、仕上がりの質とほとんど関係ない。「書くのにふさわしくない日」にいい作品が書け、「書くのにふさわしい日」に書いた作品が、あとになって相当のリライトを必要とすることもある。大切なのは、書いたものすべての価値を認め、その瞬間の気分に左右されて判断しないことだ。

その意味では、コンピュータの簡単に消去できるキーは大いなる敵だ。なかったことにしようと思う走り書きも、「くだらないファイル」に保存しておけば、あとでふさわしい原稿だとわかることも多い。

アレックスは言う。

「僕はときどき、日記に走り書きした文章にびっくりするんだ。先日、書き終わった日記を捨てようとして通読したんだけど、まったく驚いたね。すばらしいアイディアやすごい文章があふれているんだから。肩に力を入れずに書くっていうのはいいもんだね」

私は二十年モーニングページを続けているが、たしかにそこにはすばらしい文章も多い。芸術を目的としていなくても芸術の種があるのだ。

多くの受講生たちが、余談からふとひらめいてノートに向かったことが創造活動に入るきっかけになったと言っている。音楽家のキャシーは、アルバム作成中ノートにふと「もっと自分に正直になろう」と書いた。そして完成したアルバムは「従来の殻を破った」と評価されている。そのアルバムは、キャシーが日々書くことによって自分の体験を大切にするようになったからこそ完成したのだ。

自分の体験を大切にすることは、ナルシシズムでも自分にかまけることでもない。むしろ、自分と世界に対して能動的に証言することだ。そういった証言は尊厳ある行為であり、生きるとは本質的に聖なる行為で、私たちはその実体ではなく影しかとらえられないということを認識する行為でもある。過ぎ去る瞬間の価値により近く自分を沿わせるとき、私たちは自分がとても大切な存在であることを学ぶのだ。

エクササイズ

書くことは自分を慈《いつく》しむ行為である。心の奥深く響くテーマだと、もっとも深く幸せに書けるものだ。あなたはどんな価値観をもっているか。一時間とって、喫茶店や図書館など、心地よく書ける場所に行く。そして、あなたが誇りに思っていることを五〇、小さなことから大きなことまでリストにする。「禁酒したこと」「結婚記念日を覚えていること」「パイの皮を上手に焼けること」など、何でもいい。

翌週はこのリストを何回か見直す。あなたはどんな価値観をもっているか。大胆さ・思いやり・肉体的な冒険・知的な冒険・独創性の発揮・内省の時間など、あなたは何に価値をおいているか。どんな体験を大切にしているかわかれば、自分が何をしたいかだけでなく、何について書きたいのかを知る手がかりになる。

12・具体性

私は具体的に書くことを信頼している。それは呼吸に似ていて、一度に一回息をするように一度に一つの言葉を書きとめることであり、書く生活の基本だ。

書くことは生きることであり、何が何であるかを特定することだ。それは考えることというより、見ること、聞くこと、感じること、匂いを嗅ぐこと、触れることに関わっている。作家は賢く利口でなければならない。すなわち美辞麗句や鋭い論評を自在に操るべきだと考えられている。たしかにそれらは文章の一形式であり、華やかだが、書くことはそれがすべてではない。

ここで再び呼吸について考えてみよう。呼吸は生きるために不可欠で、私たちはわざわざ考えない。あえて考えようとすると呼吸は難しくなり、それから易しくなり、興味深くなり、それから穏やかになって、集中していく。心のままに書くことは呼吸に似ている。突飛な思いつきがなくてもいい。ただ定期的に書くだけで、書くことは私たちを深みに連れて行ってくれる。

深みに行くには、まず書くことに意識を集中し、瞑想家のように呼吸を意識する。すると、ぴったりの単語が心に浮かぶのに気づく。それを書きとめると、また別の単語に気づく。それが耳を澄ませ、心に浮かんでくるものに意識を向けるというプロセスだ。そのうち、書かれるものに鮮やかな個性が備わってくる。

心のままに書くとき、私たちは自分が何をしているかわかっている。どのように書けばいいか、知っているのだ。毎日規則的に書くほど簡単に自覚できるようになる。釘をハンマーで打つときと同じで、ひんぱんに書くほど腕をどう動かすべきかがわかるのだ。

多くの人は、悲嘆、憤激、情熱、愛などの極端な感情が文章に表れていないかチェックし、無難な表現に修繕する。しかし、具体的な文章とは、ありのままの姿を詳しく見つめることを意味する。

例えば、「これはいいと思う」という文章が、「いいとは思わないが、ひどいとも思わない。こんなものだとあきらめている。がっかりもしているが、そのうち気にならなくなるだろう」に変わるのだ。

具体性は事実と同じように単純な場合もある。「一頭の馬」ではなく、「白い星形模様のある、細い尻尾の小さな茶色の馬」のように。事実を列挙すると信憑性が増す。

また、感覚を具体的に表現することによって、まざまざと表現できる場合もある。「冷たい」「熱い」「明るい」「暗い」「いい匂い」「悪臭」などだ。作家が受けた感覚を具体的に述べることで、読者の理解は深まる。

微妙な様子を述べることで具体性が増す場合もある。部屋は「さっぱりと整頓されている」か「居心地がいい」。恋人の声は「愛がこもっている」か「冷たい」。晴れた空は「広々としている」か「雨の気配がする」など。

動詞や副詞によって具体性が増す場合もある。ボートが水面を「かすめるように走る」か「切るように進む」。猫が「飛び上がる」か「飛びかかる」。電話が「鳴る」か「けたたましく鳴る」など。

書くことは「ふさわしい言葉」を選ぶことだが、選び方が漠然としていると読者の信頼を失い、具体的だと信頼を得る。詳細を述べることによって、私たちは自分の意図を正確に伝えられるのだ。

具体的に書くには、特定の誰かを読者に想定して書くのがいい。「作家は読者について考えてはいけない」というありがちなアドバイスは無用だ。読者があやふやで形のない存在だとしたら、意志疎通ができるはずもない。

だから、読者は誰か実在の人物を想定したほうがいい。恋人、親友、同僚などで、苦労があっても人生を楽しんでいる人や、あなたの文章を心から喜んでくれる人を選ぶこと。その人に向けて書けば、より的確で明快な文章が書ける。しかも、純粋な意図で書けるのだ。

テクニックを習うと歌はかなり上達する。しかし、愛を込めて歌うと、漠然とした何かが加わる。一瞬だとしても、明らかに声に純粋さが加わるのだ。同じように、特定の人に愛を込めて書くとき、文章には純粋さが加わる。個人的に焦点を合わせて書くほど作家の心が普遍的に伝わるというのは、大きなパラドックスだ。

具体的に書くとじつは自由を獲得できる。目に映るままの姿を正確に言葉にして表現していくと、文章が誤解やあいまいさから解放されるからだ。書くことは根本的に愛の行為だが、意識的に具体的に愛を込めて書くと、さらに大きな恵みがある。作家と読者は、作品という器を通してもっと大きなコミュニケーションを体験できるのだ。

ミース・ファン・デル・ローエは「神は細部に宿る」と述べた。詳細を具体的に丁寧に書くことによって、私たちは自分や自分の真実に出会うだけでなく、あらゆる芸術とコミュニケーションの背後に広がるより偉大な真実に出会う。自分を孤立した存在と感じていても、じつはあらゆる生命は一つにつながっているという、霊的な真実に触れるのだ。それが、あらゆる真の文章が伝える事実の核心である。そして、それは具体的に書かれたときこそ浮かび上がるのだ。

エクササイズ

書くことはきわめて視覚的な芸術だ。想像上の物語について書くときでさえ、私たちはイメージを用いている。だから、私たちはたえず意識的にイメージを蓄え続けなければならない。

〈ステップ1〉

一時間とる。あなたの身近にあるものを一〇個、リストにしよう。それらを見て何を連想するか書きだすこと。荒唐無稽でもかまわない。

例えば「銀色のエスプレッソ・メーカー――映画『メトロポリス』を思いだす」といったふうに。

〈ステップ2〉

思い入れのあるものを一〇個、リストにしよう。それがどんな姿で、なぜ思い入れがあるのかを書きだす。

例えば「二頭の龍が描かれた青と白の磁器の壺。私の『祈りの壺』。七〇年代終わり、私がさまざまな問題に直面していた頃、ロサンジェルスの中華街で買ったもの。

私は不安に思っていることを紙に書いて、その壷に入れ、祈りが叶ったあと、再び読み返したものだった」といったふうに。

身の周りのものと意識的に絆を結ぶと、もっと明快で感情豊かな精神生活を送ることができる。そして、彩り豊かな文章を書けるようになるのだ。

13・体を使う

よく「作家には豊かな〈体〉験がある」と言われるが、まったくそのとおりだ。書くことは肉体と無関係な作業でもなければ、脳のみが行う作業でもない。書くことは本来書く対象と全身で「出会う」ことだが、私たちはそれに気づかずに「考えだそう」とする。そのため、書くことが他の芸術と同じように〈体〉験の結晶であるということに気づきにくい。

込み入った筋書きを考えるとき、私は歩きながら頭を整理する。原稿そのものについて考えていなくても、疑問があるときは心が体に質問する。心にはクリスタルボールのように無数の面があるので、創造活動上の解決策を心に問いかけると迷宮に入りこんでしまうことがある。その点、体は心より深い知識を蓄えていて、答えを教えてくれる。

作曲家マイケル・ホップは、毎日ランニングをしながらメロディーをつかまえる。彼が探しているメロディーは緑の地球のいたるところに流れており、彼の住むロサンジェルスにも流れている。ホップは大股で走りながらメロディーを探す。メロディーはちょうど書くときと同じように、一度に一音ずつ浮かんでくるそうだ。

友人で作家、画家のナタリー・ゴールドバーグは、ヤマヨモギの中を長いハイキングに出かける。彼女は風景を見ながら、疑問に対する答えが心に浮かんでくるのを待つのだ。同じく友人で作家、写真家であり、エコロジストでもあるジョン・ニコルスは、毎日夕方の薄明かりの中、山登りをする。山に登ると体を意識し、肉体感覚を取り戻すのだ。帰宅後、彼は晩から明け方にかけて書く。

私の場合は、音楽、メロディー、歌詞を書くとき、ローラースケートをするのが気に入っている。ロンドンでミュージカル『アヴァロン』を書いていた年の夏、私は毎日、時には一日二回、リージェンツパークに足を延ばした。そして女王陛下の白鳥たちが滑るように泳ぐ水路の脇を、ペンを走らせるようにローラースケートで走り、思いついた歌を携帯型のテープレコーダーに録音した。

イギリスの自然詩人たちにとって散歩は創造活動の一部だった。「森の中で道は二手に分かれていた」とロバート・フロストが書くとき、彼はその森を車で走り抜けたのではない。フロストの描く森、荒れ果てた石の壁や樺の木といった、彼の代表作の骨格をなすイメージや洞察は、実際に彼が森の中を歩き、その目で見つめたものだった。
記憶は体に蓄積される。情熱や心の痛みが蓄積されるのだ。喜びや超越的な心の安らぎの瞬間も溜めこまれる。もしそれらと触れ合い、徹底的に味わうつもりなら、私たちは体に入り〈体〉験しなければならない。感情的に衝撃を受けたり、別離の悲嘆などを体験すると、理性は麻痺して巧みに否定しても、体はしっかり真実を刻みつける。

体に入ることで、私たちは心の中に入りこむ。心（heart）の中には、芸術（art）がある。だからこそ、どれほど不便に思えたとしても、ワープロのキーを素早く叩くより手書きにしたほうが深い真実が込められるのだ。

体は物語の語り手だ。それを知るにはマッサージを受けるとよい。セラピストに体をマッサージされるうち、あなたの体はあなたに語り始めるだろう。体はあなたが何を必要としているか、あなたにとってかけがえのないものとは何か、あなたが人生で犠牲にしているものは何かについて語るだろう。指で触れられるたび、イメージや記憶が浮かぶだろう。ほぐれた筋肉は、あなたの苦痛や夢について囁くだろう。

そう、体の中には作品が詰まっており、それを完全に理解するには体に入らなくてはならないのだ。これはすべての人に当てはまる真実である。体はただ理性を閉じこめる檻《おり》ではなく、自己表現の手段だ。目、耳、唇、舌、背中、肩、腿、性器……全身が、書く道具なのだ。

長時間書き続けて文章に潤いが消えてきたときは、長めの散歩が潤いを取り戻させてくれる。私の場合は、ショックを受けたときも散歩によって消化する。ただ歩き続けている中で何かが通り抜けていき、予想もしなかったアイディアが浮かぶことも多い。ちょうど森を散策していたら思いがけず鹿に出会ったときのように、嬉しい驚きを覚えるのだ。

散歩をすると時間を超越した世界に出会い、その体験はまさに古代にまで通じている。肉体は、私たちが通常認識しているよりはるかに多くの叡智や、霊的なDNAを体現している。祖先と祖先の叡智は、私たちの血や骨の中に生きているのだ。

書くときふさわしい言葉を手に入れようとするなら、自分の外側ではなく内側に手を伸ばす必要がある。体の語りかけに耳を傾ければ、体は私たちにぴったりの言葉を教えてくれる。皮膚感覚は驚くほど的確で、優美で、力強い。触れること（touch）は感動すること（touch）なのだ。人の心に触れるのは、実体験に基づいた文章である。肉体的な言葉でなければならないのだ。

よく「文章にはエネルギーがある」と言われるが、これは本当に文字どおりの意味だ。精神世界の教師ソニア・チョケットは、「言葉の力は、意識するかどうかに関わらず実在する。すべての言葉の背後にはエネルギーが流れている」と述べている。

最近、私は不可思議な体験をした。ある作家と知り合い、混雑したマンハッタンストリートを横断していたとき、彼が一度そっと私の背中に触れたのだが、そのとたん、私はリラックスし、守られていると感じたのだ。私は彼の細やかさや心の温かさを理解して、「この人のエネルギーはすばらしいわ」と思った。

あとで彼の作品を読んだとき、私は同じエネルギーを感じた。例の巧みで繊細で力強いエネルギーが、その文章に流れていたのだ。彼の作品は私に触れた。それは、実際に触れ合ったときと同じように、確実にゆっくりと私に触れたのだ。

若い作家ビクトリアは、同じく作家のピーターに恋している。彼らは大西洋を超えて、ほとんど毎日ファックスでやりとりしている。そんな昔風の関係からは、ぞんざいに突っ走る関係では得られない、言葉や思いを丁寧に積み重ねていく智慧と強さがある。私は、ビクトリアがピーターの教養ある長いファックスを読んでいるところを見たことがある。彼女はキスされたばかりの女性のように顔を赤らめていた。ピーターの文章が彼女に触れたのだ。

精神世界の教師は、私たちは自分の真実を〈体〉現すべきだと教える。しかし、体に意識を半分しか向けないなら、私たちは真実の半分でしかない。肉体、理性、魂を別個の要素として分けて考えるとき、私たちは〈体〉験の全体像をとらえられない。作家として、それは手足をもぎとる（dismembering）のと同じであり、さらに正確に言うなら、自分自身を忘れている（dis-remembering）のだ。

欧米はこの数百年間、肉体と理性は別々のもので理性が上位にあるとする、極端な二元論に与《くみ》してきた。理性が肉体から分離していてハートから切り離されているなら、残虐性さえも合理化できる。

「良心（conscience）」は、「～とともに（con）」と「知識（science）」の二つの言葉から成り立つ。作品を体からもぎとったとき、私たちは良心を失う。私たちは、体が提供すべき「知識」と「ともに」いなければならない。そのときこそ、作品は智慧に変わるのだ。それは、理性が思いつくよりはるかに深い真実の知識である。

エクササイズ

書くことは心理的な行為であると同じくらい肉体的な行為だ。すばらしい作家の多くが、散策を愛好していた。散歩のリズムには何かがある。原稿に滴る音楽的な何かがあるのだ。

履き心地のいい靴と散歩用の服に着替えよう。特定の疑問やテーマがあるかもしれない。家を出て二十分歩こう。身の周りの物に目を向ける。気分の変化に注意して思いつきやインスピレーションはすべて意識する。家に帰ったらまっすぐノートに向かう。十分かけて、あなたの体験と発見を記録するのだ。

14・内なる井戸

作家は、心の中にあるイメージの貯蔵庫からイメージを汲み上げて作品を書く。私はその貯蔵庫を「井戸」と呼んでいる。井戸は池に似ていて、水を蓄えると同時につねに流れがなければならない。この内なる宝庫を生態系になぞらえると、しばしば作家の頭を悩ませる最大の疑問、「すらすら書けていたのに、なぜ突然干上がってしまったんだろう」という疑問への答えがわかる。

書きものをしているとき、順調に進むというまさにそれが原因で、ふいにアイディアが干上がることは珍しくない。そんなとき、私たちは内なる井戸を枯らしてしまったのだ。

私には、内なる池にイメージを補充するための単純なコツがある。それは「アーティストデイト」といって、週一回、興味のある楽しい場所にたった一人で出かけることだ。行き先は美術館、ペットショップ、手芸店かもしれない。コンサート、映画、恐竜展かもしれない。大切なのは出かけること、そして一人で行くことだ。

なぜ一人で行く必要があるのか。それは、アーティストデイトが「アーティスト」との「デイト」だからだ。内なる作家をロマンチックな気分にさせ口説くために、あなたは内なる作家と二人だけの時間をもたなければならない。

ほとんどの人が「恋人に言い訳できない」「子どもの世話をしてくれる人がいない」などと言って、一人で出かけることに拒否反応を示す。しかしあえて出かけると、内なる井戸にイメージが蓄えられ、らくらくと書けるようになる。ほとんど存在しないあやふやなイメージを釣ろう、という無駄な努力をしなくてすむからだ。内なる池には、釣られるのを待っているたくさんのイメージとアイディアがあふれ、私たちはただ釣り糸を垂らすだけでよくなる。

うまく書くためには豊かな色彩が必要だ。暮らしが混沌としていると、スムーズに着実に書くことは難しい。しかし一方、あまりに規則的で無味乾燥な生活だと、作家としての声は平板になり、好奇心をかき立てるのが難しくなる。

書いていて不思議に思うことの一つは、例えば名曲を聴くなど興味のあることを実行すると、まったく異なるテーマの原稿を書くとき、間接的に役立つということだ。仕事に直接関連することを読んだり調べたりすることだけでなく、ただ自分を豊かにすることにも価値があるのだ。

体験を煮つめたエッセンスから文章は生まれる。豊かで変化に富んだ人生を送っていると、多彩な素材を蓄えることができ、それから文章が導かれる。しかし目的に向かって一心不乱で他に目もくれない場合は、文章には味わいが欠け、風味と健康のもとである滋養にも欠ける。

定期的に着実に書いている場合は、週一回の遠足が作家としてちょうど続けられる頻度だ。集中して書き進めているときは週二回の遠足を勧める。もちろん、どんどん書けて絶好調のときは井戸を補充する気になれないというパラドックスがある。「今は出かけたくない。書いていたいんだ」と、その流れにしがみつきたくなるのだ。

引きこもって書きまくる楽しみは、短い期間では有効だが長期間は続かない。売れる本を一冊だけ書こうとするのでなく、つぎつぎと作品を書き続けたいなら、プロセスを大切にしなければならない。ちょうど優秀な陸上選手がコンディションの調整を重視し、レースの出過ぎや過度のトレーニングを避けるように、自分を大切にしなければならないのだ。

作家の生活を陸上選手のキャリアになぞらえると、マラソン選手の知恵にたどり着く。一マイル疾走するには、一〇マイルゆっくり走ってバランスをとる必要があるのだ。そして、長距離を走る前後にはストレッチして体をしなやかにしなければならない。

作家も同じように、書くための筋肉を手入れし、スタミナをつける必要がある。つまり、間隔をおかずに井戸から汲み上げるのはやめて、井戸を満たすために充分な時間をおき、気を配るということだ。やっかいに感じられるかもしれないが、このコツがもたらす利益ははるかに大きい。自分を育むことは、どんなにささやかでも、たちまち文章にいい影響を与える。定期的に自分を大切にするプログラムを実行すると、文章にはゆとりと権威が生まれ、しばしば仰天するほどだ。

フィクション作家のケイシーがこう言ったことがある。

「あるとき、僕はふいに疲れ果ててしまった。それまでずっと調子よく書き続け、満足していたけれど、突然すべてが平板で陳腐に思えるようになったんだ。僕はなんて退屈な人間なんだろうって思った。ペンが進まなくなっても、僕は頑固に自分をむち打って書き続けなくてはと考えた。だがラッキーなことに、ふとアーティストデイトを思いだしたんだ。一度出かけただけで健全な状態に戻れたよ」

つまり彼は再びらくらくと流れるようになったのだ。それは、干からびた井戸ではなく満ちた井戸から書くということだ。私たちの創造性は生態系と同じで、たえず流れこみ、着実に流れだしていなければ、内なる源泉はよどんでしまう。そしてそのことを認識することが、書くことにおける健全さなのだ。

ノンフィクション作家のアニーは言う。

「長編の中盤に差しかかったとき、急に書けなくなってしまったの。私はその仕事に熱中していたんだけれど、あるときひどい風邪にかかって一週間外に出られなかったのね。私は家に閉じこもってずっと書き続けたわ。心の中の井戸を補充する作業をまったくしなかったの。ただ書き、書き、書き続けて、ふいにそれ以上書けなくなったの」

彼女は池で魚を釣りすぎたのだ。

幸いなことに、アニーは経験豊かな作家で、自分の精神的な不調を判断できた。アニーは外出できなかったので、クラシック音楽のテープを一セット借り、それを聴きながら井戸を補充することにした。

「ベッドから出られなくても心の景色は変えられる。シューベルトの『アヴェマリア』を聴いていたら、エネルギーとインスピレーションが流れこんできたわ。音楽で心も体もすっきりして、一時間くらい聴くうちに生気が戻ったの。また書けるようになったけれど、風邪が治るまで一日一時間、音楽を聴くって決めたわ」

マンハッタンに住んでいるカレンは、脚本を途中まで書き上げたところで袋小路に落ちこんでしまった。彼女もアニーのように調子よく書いていて、根《こん》を詰めすぎたのだ。

「まるで気力がなくなったので、近所の花屋やペットショップを全部見て回ったわ。ランを眺めたり、サボテンを楽しんだり、アマリリスにうっとりしたり、インコを見たりね。アフリカスミレを一株しか買わなかったけれど、すっかり生気が蘇って、また原稿に戻れたの」

失った気力を蘇らせるよりすばらしいのは、つねに新しい活力を保つ習慣をつけることだ。定期的なアーティストデイトは、定期的な運動のようにスタミナと体調を維持するのに役立つ。

エクササイズ

アーティストデイトは、創造力を保つために欠かせない。それは健全な感覚を蘇らせ、インスピレーションと洞察を沸き立たせる。

一時間とること。一人で陽気な冒険をしよう。感覚に訴える体験やはじめての体験をするのだ。内なる芸術家、内なる子ども、内なる探検家など、何と呼んでもいいが、ともかく彼らが喜ぶ行動をする。水族館、植木屋、ジャズクラブや画廊、昔の映画を観に行くのもいい。何を選ぶにしろ必ず一人で行動すること。イメージや印象を思う存分吸いこもう。それらについて書く必要はない。これは井戸を満たすためであり、魚を釣るためではないのだ。

15・スケッチ

私は、私を通して生まれ出ようとする文章そのものを信頼している。そして、それが私の手を動かし、状況を描写するのにまかせる。その意味で、私の文章表現は「スケッチ」と呼ぶにふさわしい。

例えば木について描写していて、花や鳥の巣など何かをつけ加えたいという衝動に駆られると、私はそれを風景の中に書き加える。それが何に役立つのか、書いている最中はわからなくてもいい。ただ素直にスケッチしていると、それをいつどこでどのように使うかは、文章じたいが知っているのだ。

これは私が体験から学びとった信念だ。文章そのものが自分の行く先を知っていることを、私は昔から知っていたわけではない。信頼すると必ず報われるという体験や、信頼しないで最初の衝動に抗《あらが》っても結局同じ場所に還ってくるという体験を長年重ねるうちに、それが真実だとわかったのだ。

フルタイムで映画脚本を書いていたときは、頭の中に浮かぶ映画を文章にする方法をとり、それに満足していた。そんなとき、脚本を書くための教本が目にとまった。そこには、脚本はまず構想を練り、場面に分割し、筋のポイントに従って構成すべきだと説かれていた。そのとおりにすると、脚本を書くことはロードトリップではなく点をつなぐ作業になる。しかし、私はいつも思いつくままに展開する物語を表現する方法で書き続け、九本の脚本を売った。私の方法は、ニューヨークからカリフォルニアまでのドライブに似ている。出発地点と到着場所はわかっていて、真ん中あたりにシカゴがあり、その後ロッキーが続くことは知っているが、その他のことはすべて冒険なのだ。

脚本書きの教本は、三泊めに泊まるモーテルまで決めろという。しかし、そのどこがおもしろいのだろう。裏道、回り道、カンザスあたりで出くわす馬の郵便配達ステーションといった、ふいに出くわす旅の魅力はどこにあるのか。それらは無視すべきものだろうか。そもそも、もし次のシーンを作家が計算できるなら、観客も同じことができはしないか。論理的なシーンは予想しうるシーンではないか。私はそう考えているので教本のアドバイスは無視するし、もしそれを活用するとしたら推敲の段階だ。

例えば私にはこんな体験がある。ある脚本を書いていて一〇ページめに差しかかったとき、私はどうしても「台所のテーブルの上には銃がある」と書きたくなった。「なぜここで銃が出てくるんだろう」と私はいぶかった。

「ヒロインに銃は必要ないし、そういう種類の映画じゃないんだけど。まあいい、おいておきましょう。でもちょっと奇妙だわ」

ところが、奇妙でも必要だったのだ。私は知らなかったが、文章そのものにはわかっていた。九三ページに差しかかったとき、窓から不審者が忍びこみ、ヒロインには銃が必要になったのだ。

多くの人々は小説を書こうとするとき、書き始める前にすべてを把握していなければならないと想像する。そうでなければ小説を書けないなら、小説を書ける人などいないだろう。「作家」は自分の作品を計画どおり書き上げたかのように述べがちだ。それは作家のちょっとした見栄であり、いかにも人間的な傾向だと私は思う。私の体験では、書き上がったあとにたくさんの細かいイメージパターンが見つかるのであり、それらは私が前もって計画していたのではない。読者からは緻密に構成された作品に感じられ、伏線を張っていたように思われる。たしかに、きわめて才能のある一握りの作家は意識的に創造できるのかもしれないが、ほとんどの人にとっては意識的な創造という主張はたわごとだろう。

今、レジネは詩より長い脚本を書きたがっているが、見通しが立たずに不安がっている。

「どうしたらいいの。あなたは本も映画も戯曲も書くわ。みんなとっても長いわよね」

「教えてあげる。でも、私の方法でなくてもいいのよ。作家の数だけ方法はあるんだから。私の好きな作家のエドは、小説を書くとき丹念に調査するわ。市役所、資料館、図書館など、興味がある場所はどこでも訪れるの。例えば、ある酒場について書くならそこに行くのよ。競馬がテーマなら競馬場に行くわ。雰囲気に浸るのが好きなのね。そして家に帰って書くの。それが彼のスタイルね」

「あなたはどうなの」

私の場合は、私が物語、映画、劇を書くというより、それらが私を選ぶことが多い。まず、頭の中である声が話し始める。もし私がその声に協力して耳を傾けるなら、声は物語を紡ぎだすのだ。物語には鮮やかで細々した内容が含まれている。私はそれを事実として聞き、書き下ろすのだ。

「チャネリングのようなものかしら」

「私はそうは呼ばないわ。『耳を澄ますこと《リスニング》』と呼んでいるの」

「他にどんな方法があるの」

「ときどき、私が書いている地域や時代の美術品、音楽、古道具なんかが目にとまることがあるわ。小さないぶしガラスの鏡を見て『あ、ヒロインの寝室にある鏡だわ』と思ったり、カットグラスの香水の小ビンが目にとまって、『鏡台の上にあったわ』って気づいたりね。書きながら資料を調べているとき、自分で創り上げたと思いこんでいた細かな点を実証する本に出くわすこともあるわ」

「ちょっと奇妙ね。それじゃ、あなたは資料を集めないの」

「そういうことではないわ。作品の舞台となる状況、時代、場所に意識を集中するし、それはラジオのチューナーを合わせるのに似ているわね。すると、例えば地図について書いていると、地図作成法を熟知している人たちに会うの。

　マゼランの世界について書いていると、若いウェイターが私にマゼランの乗組員の日記を持ってきてくれたりね。日記の記述の一つに、私はショックをうけたわ。その乗組員はレーズンを隠し持っていたため壊血病にならずにすんだけれど、その記述をきっかけとしてその人物の全体像が浮かび、さらに物語全部が生まれたのよ」

「幸運な偶然みたいね」

「違うわ。私は、書き始めたら助けが得られるって、心から信じているの。運じゃないわ。霊的な法則のようなものよ」

「じゃ、書く前に構想を練らないの」

「夢を見るといったほうがいいわね。一種の明晰夢《めいせきむ》のようなもので、私が物語のアイディアを温めていると、必要な詳細は宇宙が私に運んでくれるの」

「脚本全部を夢に見るなんて、そんなの無理だわ」

私の漠然とした方法にうんざりして、レジネは言い返した。

「私とは違う方法で書く仲間もいるわ。例えば、ジョンは映画脚本を書こうとしているのだけど、まずアウトラインを書くの。あなたも彼みたいに書く必要があるのかもね。じゃなければ、マークのように、重ね塗りするみたいに場面の構想を一つずつ練るとかね。実際に書きだす前に、物語を口で話して準備する作家もいるわ。私はそれは難しいと思うけれど。だって、内なる作家は、口で話す物語と紙に書く物語の違いがわからないもの。私の場合、物語を口で話しすぎると、実際に書き始めるとき、つまらなくなっちゃうわ」

「ちっとも参考にならないわ」

レジネは文句を言った。彼女は、イメージはいろいろ浮かんでも、そのつなげ方がわからないと言うのだ。

「じゃ、カードに書いてインデックスを作ったらいいわ。それで、三種類に分けるの。パート1は登場人物を紹介して『これからどうなるか』って思わせるシーン。パート2は時間が経って最初の疑問が展開していくシーン。パート3は疑問が解決するシーン。全部のシーンが、三つのカテゴリーのどれかに収まるから」

「それじゃ、いつから実際に書き始めればいいの」

「それはあなたが決めるのよ。細かい部分がはっきりしてくるまでカードを作り続けてもいいし、私みたいに早めに書きだしてもいいわ」

「どちらがうまくいくかしら」

「あなたしだいよ」

レジネはため息をついた。彼女は私が秘密を明かさないと考えている。でも違うのだ。書くというのは個人的な作業だ。お互いのコツは参考になっても、基本的にはそれぞれが独自の方法で書くのだ。

私の体験では、作品の三分の二ほど書き終えた頃、文章がどう続くのかが突然見えてしまう。用意されたパターンを一望し、どんな大団円になるかわかってしまうのだ。そこが危険なポイントだ。「私」は、「私」のしていることを理解すると、「私」にはうまく書き上げられないかもしれないと不安になる。エゴが目を覚ますのだ。私を通して文章を流れさせることに満足できなくなり、突然コントロールしたいという欲求が生じる。「この本をうまく仕上げたい」と思うのだ。私はその時点を「壁」と呼んでいる。それは、作家なら誰もが知っている。壁は、それまでいきいきとしていた原稿が、音をたてて止まる地点だ。壁は疑いが入りこむ地点であり、ただ書くために書くことができなくなるのだ。プールで水しぶきをたてるような純粋な喜びが消え、他人はもっと速く泳げるとか、上手だとか、かっこいいとかが、急に気になりだす。

では、どうしたらいいだろう。たいていの場合、私たちは力づくでその壁を乗り越えようとし、「この作品はすばらしい。私って本当に才能がある」と自分を叱咤激励する。それは私に、四〇年代の映画に登場する、塀を乗り越えようとする囚人を連想させる。暗闇の中そっと登っていると、とつぜん眩《まぶ》しい光に照らされて身動きがとれなくなり、背中に銃を突きつけられて地面に戻される場面だ。壁をよじ登ろうとする試みは成功しない。では、どうしたらいいだろう。ここで再び、囚人の映画を思いだしてみよう。彼はどうやって逃げたのか。そう、壁の下を掘り、這って進んで自由になったのだ。壁の下を掘り這って進むのは、エゴの牢獄から逃げだすのに有効だ。それはつまり、「私はすごい」と言うかわりに、「下手でもかまわない。とにかく書き上げよう」と言うことだ。すごい作品を書こうとして我を張るとき、私たちは壁の前で足止めされる。一方、謙遜すると壁の下をくぐり抜け、自由に書く喜びを取り戻すのだ。すると皮肉にもとてもうまく書ける。

書くことはスケッチに似ている。まず棒のような幹を描き、葉を描き加え、花を描きこむ。一つずつ加えていく作業を信頼し、次にふさわしいことだけを順を追って行うなら、作品は最後に花開くのだ。

エクササイズ

「神は細部に宿る」なら、スケッチは私たちの魂の源泉と触れ合う手段だ。

まず十分間、あなたが今いる場所と、あなたの状態について書く。部屋の様子、あなたの気分、快適な点や興味を惹かれる点など。次に、書くテーマとしておもしろそうなものを五つ、思いつくまま素早くリストにしよう。

例えば、「祖父母」「超能力」「娘のダンスの発表会」「ボーア戦争」など。

次に、リストの中からテーマを一つ選ぼう。それについて何をなぜ書くのか。五分から十分間で書くこと。立派な作品にしようとかすばらしい文章にしようと思わず、言葉遊びと考えよう。ぞんざいなタッチでスケッチするのだ。

16・孤独

私は今、大きな花瓶にライラックを生け、左側に置いて書いている。花の重厚な香りは眠気を誘い、セクシーな気分になる。花はまるで暑い夏の午後のハンモックのように揺れている。私は仲間がほしくてその花を置いた。今日、私は孤独を感じている。

一般通念によると、作家は孤独な人間だ。だとしたら、孤独を恐れる人が作家になろうとしないのももっともだ。

しかし私の体験によれば、書かないことこそが孤独な行為であり、書き始めたとたんすべてがバランスを取り戻す。「書く」という薬を飲むと社交的になり、現在という瞬間に生きられる。

しかし、書かない作家は「書かなくてはならない」と思い続け、幻の国に住んで今の自分を楽しめない。

大作家にも社交的な人はいる。若々しいヘミングウェイにはフィッツジェラルド、スタイン、ドス・パソスといった広い人脈があり、さまざまなことに情熱的な関心をもっていた。実際、ほとんどの作家には仲間意識があって、カフェに集い電話で愚痴をこぼし合っている。それでもなお、作家は孤独だと騒がれるのだ。ときどき私もそれを信じこみ、「かわいそうな私。

一人で部屋に行って書かなくちゃ」と考えてしまう。

しかし実際、作家は部屋で一人ぼっちではない。私たちは、自分の体験が詰まった部屋で、思考、感情、友情、得たもの、失ったものとともに、筏に乗りこむのだ。

私が今日孤独を感じているのは、昨日たっぷり書かなかったからだ。書かないでいると、私は思考の糸を見失ってしまう。私は、自分の心を失ってさみしがっているのだ。しかし、それは他人がいなくてさみしいのと区別がつきにくく、自分で自分をごまかしてしまう。

今日、私は友人のデイビッドがいなくてさみしいと感じている。彼はヨーロッパで仕事中で、連絡がない。

私は彼の考えが聞けずにさみしい。彼がここにいず、奇妙なことをしでかして私を笑わせてくれないことがさみしい。デイビッドとともに私の一部が消えてしまい、私はそれをさみしがっているのだ。

こう書くうち、私は昨日書かなかったせいで自分を見失ったことに気づいた。私は自分を見失い、それをデイビッドのせいにしているのだ。私は実際、デイビッドと私自身の二人を恋しがっているのだ。

書かないでいると妄想で頭がいっぱいになる。そしてその妄想のせいで、他人や自分とうまくつき合えなくなるのだ。書くことは内なる羅針盤を見つめるようなものだ。私たちはその羅針盤で方向を確認する。そして、自分が何を感じ、考え、思いだしているかを知るのだ。自分を正確に把握できると、友人に対してもっと心を開き、細やかになり、愛情豊かになる。私はたしかにデイビッドがいないのでさみしい。けれど、もう彼を責められない。さみしいのはただ、私が昨日たっぷり書かなかったせいなのだから。

そういうわけで、私は書くことによって孤独に対抗できると考えている。書くことは、まず自分自身、そして他人とつながる行為だ。文章は文字（letter）から形づくられるが、それは同時に自分と世界に宛てた手紙（letter）でもあるのだ。

私は昨日たっぷり書かなかったうえ、外出もしなかった。家でつまらない雑用に追われていたのだ。夕方には何人かに電話したが、みんな忙しく、「またかけ直す」と言われた。私はちょっとお喋りしたい気分のまま、ドキュメンタリー番組を見た。何かがしっくりしなかった。

たっぷり書いていないとき、私は痛烈にいたたまれなくなる。それは他では満足させられない欲望だ。私は自分の魂が恋しくなるのだ。そこで、誰かとのお喋りや映画の中に魂を見つけようとする。オフィスを整理して、魂をどこに置き忘れたのか突きとめようとする。さみしさはつのり、私は友人たちのせいだと考える。模様替えをし、花瓶にライラックを生け、部屋を掃除し、冷たい友人たちに不満を感じたところで、ふと思いだすのだ。

「ああ、そうだ。私は書かなくちゃいけない。たぶん、書いていないからいらいらするんだわ」

職業作家は書けない日が続くといらいらする。ランナーが毎日何マイルか走らなくてはならないように、芸術選手を満足させるにはある程度の量を書くことが必要だ。定期的に書かないと、いらいらして生きるのがつらくなる。しかし思ったとおり書けると、回復するのだ。

私は作家でない友人もたくさんいるが、彼らも書くことを役立てている。私は友人が意気消沈すると、気分を明るくするために毎朝三ページ手書きで書くことを勧める。そのとおりにすると、たしかに彼らは明るくなり、エネルギーがわくという。

書くことは私の人生に流れる川のようなもので、そのせせらぎの音が消えることはない。近所のリオグランデが雪解けの季節になると騒々しい音をたてるように、ひときわ大きな音が聞こえるときもあるし、近くまで寄らないと聞こえないほど静かなときもあるが、流れはいつもいつも私とともにある。

書くという流れを失うと、孤独になる。そして頭のネジが飛んで、調子が狂うのだ。人から孤立しているという感覚は、たっぷり書いていないときに起きる症状だ。一方、たっぷり書いているときは、自分の原稿に興味津々の自分に気づく。そして、他人も興味をもつはずだと簡単に信じられるのだ。

原稿に向かって自分を空っぽにすると、そのぶん人と交流する余裕ができ、孤独の入りこむ隙が減るのである。

エクササイズ

人生の見通しが立たないとき孤独感が生まれる。心の中にいる「オールダーセルフ（年長の自分）」と交流してみよう。それは神話的なキャラクターで、魔法使いや仙女《せんにょ》のようにイメージする人もいるだろう。オールダーセルフはあなたを霊的に導く仲間だ。

一時間とろう。手をノートの上に置き、今のあなたより賢い八十歳のあなたに、あなたの人生について手紙を書いてもらう。オールダーセルフは今後の見通しがわかっており、あなたを正しい方向に導いてくれる。納得いくまで書き続けよう。このエクササイズは、今後も折にふれて繰り返すといい。

17・証人

今朝、苦しみのただ中にある友人から電話がかかってきた。彼女の声は甲《かん》高く、震え、混乱していた。早口で話しながら歩きまわる物音が聞こえた。彼女は何度か煙草に火をつけるために立ち止まった。遠距離電話だったが、彼女が息を吸うとその音はすぐそばで聞こえた。彼女は取り乱しており、現代社会では嘆く場所のない、たて続けの不幸を嘆き悲しんでいた。かかりつけのセラピストは外国にバカンスに出ており、家族とは連絡がつかなかった。

「あまりにたくさんのことが続いたの」

と言って、彼女は一つひとつ挙げていった。かわいがっていたペットの死、また別のペットの怪我、親の命日、親友の病気など。一時間ほど話してから、私は「書いてみたらどうかしら」と勧めた。

電話を切ったあと、私は自分の提案について考えた。友人は書くことを通して何を必要としているのだろうか。そう、友人には人生の証人が必要なのだ。そして、誰もがそれを必要としている。

現代生活における孤独の多くは、私たちがお互いに証人でなくなったことに由来する。生活が猛スピードで進み、友人も家族も世界各地に散らばっているので、孤独を感じるのだ。私はニューメキシコ州タオスにいるが、もっとも親しい人たちはダブリン、コネチカット、ニューヨーク、ボストン、ロンドン、バース、ブラジリアにいる。電話やファックスがあっても必ず連絡がとれるとはかぎらない。お互い相手にどれほど好意を抱いていても、遠く離れていると親密な優しさを与えきれないのだ。

私は友人に言った。

「もし私たちがインドの小さな村に住んでいるとしたら、つぎつぎと悲しい出来事が続くとき、なんでもないふりをして暮らせなんて言われないんじゃないかしら。今の社会は非人間的よ」

「そうね。私は周りを心配させないように、平気なふりをしなきゃと思っているわ」

「でも取り乱すことのできる場所は必要よ。私の場合は書くことがその場所なの」

友人は一息つき、混乱した頭で考えこんだ。長い沈黙のあと、彼女は口を開いた。

「じつはね、私、書き始めたところなの。昨日、夫に五ページの長い手紙を書いたのよ」

「そう、そうなのよ。私がモーニングページを書き始めたのは離婚騒動のときだったわ。嘆きや悲しみを置く場所が必要だったの」

書いていると、人生に明晰さと優しさがもたらされる。書くことによって、私たちは自分の人生の証人になり、そして村の長老のように「わしはお前がほんのおちびさんだった頃から知っているよ。おまえは本当に大きくなったね」と言うのだ。

書くことで、私たちは思いのたけを表現できる。「愛犬リプリーが死んでしまい、さみしくてたまらない。あの子は本当に快活で愛らしい子で、キスせずにはいられなかった」とか、「今週は父の三回忌だ。生前の父のように小鳥小屋を買おうと思う」など。書くことで、私たちは言うべきことを言い、聞くべきことを聞けるのだ。

モーニングページは「導きのノート」と呼んでもいい。なぜならモーニングページは、慌しい表面的な自我よりもっと暖かく賢い自分とつながる助けになるからだ。私はノートに不平や愚痴をこぼしながらも、状況を正確に見抜けるようになった。村の噂話のように「ねえ、あなた、見た？　彼女がなんて言ったか聞いた？」と書くうち、「たぶん彼女はこう言いたかったのね」ということがわかってくる。すると、私は共感できるようになるのだ。

クリスティンはしばしばとても苦しんでいる。というのも、彼女の夫は孤児という生い立ちのせいか、不安に駆られるとすぐ殻の中に閉じこもってしまうのだ。時間が心の傷を癒すまで、クリスティンがどれほど暖かく接しても、夫は殻から出てこない。夫が引きこもるたび、彼女は見捨てられ裏切られたような思いに苦しむ。そこで、彼女は書くことによって自分の本心を意識するとともに、心の中の賢い自分、すなわち夫の感情的な嵐を理解して対処できる自分と語り合うのだ。クリスティンは言う。

「ノートに向かっていると、散歩に行こうとかすてきな毛糸を買って編み物をしようとか、姪の卒業パーティーのために食器セットを買おうなんて気分になるの。夫はただ傷ついているだけで私を見捨てているのではないし、たとえ夫が私を見ていなくても私は心暖かい女性だって信じられるのよ。書くことは私の賢い親友で、私を大切にし、心から私のことを考えてくれるの」

つまりクリスティンにとって、書くことは人生の証人でもあるのだ。

ジョセフは多忙な重役だが、書くことによって本当の自分を忘れないようにしている。ジョセフは言う。

「毎日たくさんの人と会い、こなすべき仕事が山積みだ。だから、そういったことを本心ではどう思っているのか、自分に尋ねる場所が必要なんだ。書かなければ人生は検証されないまま走り去り、僕は深い世界との絆を失って混乱するだろう。書いていると僕は自分の心の底に触れ合える。重役ジョセフでなく、人間ジョセフの感覚を取り戻せるんだ」

書いていると、人生の風向きの変化や人間関係のかすかな翳《かげ》りに気づける。また、愉快な友人関係の始まりなど、人生のすてきな面にも敏感になる。

危険で困難な人生を生きるとき、私たちはそのつらさに耳を傾けてくれる人生の証人を必要としている。そして自ら証人になることを学ばなくてはならないのだ。

エクササイズ

このエクササイズは私が知っているエクササイズの中でもっとも強力だ。これは「モーニングページ」といい、書く生活の基本中の基本である。モーニングページはあなたの人生の証人であり、続けていると霊的なガイダンスを意識的に得られるようになる。もっと自由に力強く書けるようになり、内なる検閲官を黙らせ、日々を豊かにしてくれるのだ。

モーニングページとは、心のおもむくまま、まったく飾らず、毎朝手書きで三ページ書くことだ。心に浮かんだことはすべて書く。くだらないこと、退屈なこと、腹の立つこと、愉快なこと、ひらめいたこと、内省的なこと、何を書いても間違いではない。ただノートの上で手を動かし、心に浮かぶことはすべて書きだす。「父の咳はひどくなっている」「猫のトイレ砂を買い忘れた」「昨日のミーティングでのやりとりは気にくわない」など、本当に何でもいい。

モーニングページは朝に行う。受講生の多くが時間がないと不平を言うが、結局ほとんどの人が二十五分から四十五分の時間をとることができる。ともかく試してほしい。目覚まし時計を三十分早くセットし、A4のノートを使って書き始めるのだ（小さすぎるノートは思考の流れを妨げ、大きすぎると連想が進みすぎて時間がかかる）。

朝に書くとその日一日が豊かになる。夕方に書くとすでに終わった一日を振り返ることになるので、変化を起こせないのだ。モーニングページを書くと冷静になり、元気が出て慰められ、インスピレーションがわく。モーニングページは独特で効果的な瞑想法だ。論理的思考を脇に押しやり、雑念でいっぱいの心を空っぽにして、深い内省ができるようになる。

理性が鎧を着る前に理性をつかまえること。そのため、モーニングページは起きぬけに書きだすのが望ましい。無意識の自分をつかまえ、まだ気づいていない自分の考えを記録するのだ。

このとき、手書きというのは重要なポイントだ。手で書くことには、キーボードを叩くより、思考をより深く心の奥底に導くエネルギーがある。たしかにコンピュータのほうが速いが、ただ速ければいいというものではない。

「モーニングページで人生が変わった」という報告を、私はしばしば聞いている。大学生で満席のノースウェスタン大学の教室でも、五十歳代の人でいっぱいのコネチカット州のキャンプでも、私はモーニングページが人々の顔に光を灯《とも》すのを見てきた。カリフォルニアでは「モーニングページを書くと美人になる。一人でこっそり書くべきだ」という冗談まで聞いた。

モーニングページは明日から始めよう。九十日以内にかなりの意識の変化が実感できる。九十日というのは脳が新しい神経回路をつくるために必要な期間だが、もっと早い段階で変化を実感できることもある。自分の変化に注意し、その証人になろう。

18・気楽に書こう

「作家になりたいけれど私には自制心がないわ」と言う人がいる。何が言いたいのか、私にはわかる。私にも自制心はないから。私はここ三十年間フルタイムの作家だ。もし人々が考えるように自制心がないと書けないなら、私には作家を続ける自信がない。

本当のところ、私は書くことが大好きなので自制心を必要としないのだ。私はキーボードの前に長時間座ることはほとんどなく、そのかわりちょっとした時間をかすめとっている。机は家の中でもっとも快適な場所にあり、移動させることもある。机には小物、花、娘が赤ちゃんの頃の写真などがあり、心地よく書けるように工夫してある。

自制心から書くと、「書かないなら私は人間失格だ」といった感情的な恐喝をしかねない。しかも、想像力を羽ばたかせるのではなく、時計を鼻先に突きつけて書こうとする。

私としては、「自制心」より「取り組む」という言葉のほうが好きだ。もっと前向きだし、心がこもっていて、愉快で創造的だ。

これは単に言葉のうえの問題ではない。もし長期間書き続けるつもりなら、快適に書く方法を会得したほうがいい。書きたくてたまらないから書くのではなく、書くべきだと思って書いていると、書くことは報われない結婚生活のようになる。今の場所から逃げだしたくてたまらず、何が不足なのか考え続けることになるのだ。

今朝、私が五時四十五分に目覚めると、ちょうど山々は朝日に輝いていた。私は穏やかな心で、ソファーでモーニングページを書き始めた。

二十分でさっと書き終え、次に何をしたいか二十秒ほど考えていると歌が浮かんだので、私はそれを書きとめ、テープレコーダーに録音した。楽譜にしようとしていると、アイルランドにいる娘ドメニカから電話がかかってきた。彼女は駆け出しの作家で、ようやく軌道に乗ってきたところだ。

「午前中、どうして私が書きだせないのかリストにしていたの、聞いてくれる？」

「もちろん」

ドメニカはリストを読み上げたが、それは書く人すべてに共通する項目だった。

「うまく書いても誰も評価してくれないのではないか、と不安。

この仕事がうまくいかないのではないか、と不安。

この仕事がうまくいっても誰も評価してくれないのではないか、と不安。

自分が馬鹿なのではないか、と不安だ……」

彼女がリストを読み上げたあと、私は「今はどんな気分？」とドメニカに尋ねた。

「よくなったわ。不安が減った。本当は書きたいんだってわかったわ」

不安は、いつも私たちと原稿の間に立ちはだかっている。自制心の問題は、本当は不安をどのようにやり過ごすかという問題なのだ。

意識されていない不安もあって、それが話をさらにややこしくする。書くことを先延ばししているときは、いつも不安に足止めされているのだ。仕事が忙しいとか、焦点を絞る必要があるとか、他に気が散ることがあるとか、自分に言い訳していても、要は自分の姿を他人と自分に顕《あらわ》にするのが恐いのだ。

職業倫理という点から書くことについて考えると、銃を突きつけられて原稿に向かわせられるように感じる。そこで書くためには自制心が必要で、完璧な準備をしなければと考えるのだ。書くことは普段着ではだめで、正式な儀式であり偉大な作業だが、楽しみとは無関係だと考えてしまう。

しかし実際、書くことは楽しい。「満足する」「自己実現する」「心地よい」などと表現してもいいが、「楽しい」という言葉は本能に訴えかける。とても原始的な意味で、書くことは理性とはほど遠い。私たちの心の中には無茶苦茶な二歳の子どもが住んでいて、その子どもは自分の言い分をまくし立てるのが大好きだ。書くことをそんな子どもに喋らせることだと考え、書くことじたいに喜びを見い出すとき、自制心はあまり必要ない。

書くことはロックのライブのようなものだ。訓練を受け洗練されなければならないものではなく、ただ汗であり笑いなのだ。小綺麗にまとめたり完璧である必要はない。エネルギー、完璧な不完全さ、人間性、それが書くことなのだ。

書くことが本物のライブコンサートになったとき、書くことは人を釣りこむ力をもつ。「さあ踊ろうよ」と呼びかけるのだ。しかし実際は、あまりに多くの人たちがパーティーの壁の花のようになっている。本当は「ただ書きたい」だけなのに、「正しく書きたい」と考えてしまう。

私のお気に入りに『トミー』というロックオペラがあるが、それには「私を見て、私に触れて、私を感じて、私を癒して」というリフレインがある。まさに書くことの本質だ。

書くことに幻想を抱かないこと。台所のテーブルで書こう。教会のベンチで書こう。ライラックの茂みの横で書こう。お風呂の中で書こう。喫茶店で書こう。飛行機の中で書こう。どこででも書こう。

私は創造性開発講座を開いて有名になった頃、よく感想を尋ねられたものだ。私は「みんなが心地よく書けるように助けるのは楽しいわ。でも自分で書くほうがもっと楽しいわ」と答えた。

書いていると、書かないでいるよりもっと心地よく、もっと楽しい。心地よくて楽しいものは自制心を必要としない。ただ自分への許可がいるだけだ。

上手に書けようが書けまいが、書くことはとにかく気持ちがいい。気持ちよくなくなるのは、うまく書けているかどうか不安になるときだけだ。書くことは遺伝子の中に組みこまれている。自分にぴったりくるものは、すべて書くことへ通じる鍵なのだ。

私にとって書くことは、着古した中国製のシルクのパジャマのようなものだ。だぶだぶで着心地いいところが気に入っている。もっとも、友人のアレックスはスーツを着て書く。彼はきっちりしたスタイルが好きで、オフィスで書くのだ。

大切なのは、一人ひとりが自分なりのスタイルを見つけることである。朝に書く人も、夜遅く書く人も、時計を見ながら書く人も、ページを数えながら書く人もいる。喫茶店で書く人も、静かな図書館でなければ書けない人もいる。少し練習すれば気分しだいでさまざまなスタイルを試すこともできる。ポイントは、あなたが快適であるかどうかだ。

ともかく書くこと。曲がりくねった文章でいい。学校で習った洗濯板のような文章でなくていい。書くことはつらい訓練ではない。もっと快適で、土のようにたくましいのだ。

エクササイズ

喫茶店、コンサート、歯科医院、ショッピングモールなど、活気のある場所にノートを持っていこう。あなたから見えるものとその感想を書きだそう。おかしな帽子をかぶっている女性、太い葉巻をくわえた気難しそうな男性、泣いている赤ちゃん、うっとりしている恋人たちの姿を書きとめよう。素早く正確に書くこと。おもちゃ屋やブライダルショップもいいだろう。リポーターになったつもりで記録する。

うまく書く秘密はいいメモにある。壁には何が飾ってあるか。どんな窓があるか。誰が喋っているか。彼らは何と言っているか。一時間で書き終える。このレポートを誰かに郵送するのもいいだろう。

19・つながる

言うまでもないが、行動は言葉より雄弁だ。「愛している。あなたがいなくてさみしい」と電話で話すより、手紙を書くという行動は、わざわざ書くというまさにその点で、言葉よりもっと多くのことを伝える。せっかちな現代では時代遅れと見なされているが、この世界を生き抜いて人々と絆を結ぼうとするとき、書くことはじつに役立つのだ。

私たちは契約書を作ることを「文章にしましょう」と言う。人間関係も契約だが、それを文章にすることはほとんどなくなってしまった。しかしあえて書くと、驚くほどの変化が起きる。何でも文章にしよう。例えば、誰かにレシピをメモしてあげるだけで、それは人生までもおいしくするレシピになる。レシピの文章は、そっけないが正確だ。同じように、「私た

郵便はがき

料金受取人払郵便

牛込局承認

5093

差出有効期間
2024年６月
24日まで
(切手不要)

1628790

東京都新宿区矢来町122
矢来第二ビル５F

風雲舎

愛読者係行

●まず、この本をお読みになってのご印象は？

イ・おもしろかった　ロ・つまらなかった　ハ・特に言うこともなし

この本についてのご感想などをご記入下さい。

〈愛読者カード〉

●書物のタイトルをご記入ください。

（書名）

●あなたはどのようにして本書をお知りになりましたか。

イ・書店店頭で見て購入した　ロ・友人知人に薦められて

ハ・新聞広告を見て　ニ・その他

●本書をお求めになった動機は。

イ・内容　ロ・書名　ハ・著者　ニ・このテーマに興味がある

ホ・表紙や装丁が気に入った　ヘ・その他

通信欄（小社へのご注文、ご意見など）

購入申込

（小社既刊本のなかでお読みになりたい書物がありましたら、この欄をご利用ください。送料なしで、すぐにお届けいたします）

（書名）　部数

（書名）　部数

ご氏名	年齢
ご住所（〒　　-　　）	
電話	ご職業
E-mail	

ちの間で今何が起きているのか私にはわからない」と書くにせよ、書きだすことであなたの感じ方や考えは正確に伝わる。

書くことによって人生は新しくなるだけでなく、錬金術のように変容する。出来事は体験へと深まり、受け身な生き方から積極的な生き方に変わる。たとえ被害者だったとしても、状況を理解することができれば、出来事を人生の流れの中に位置づけて人生の舵をとれるようになる。

書くことは認めることであり、責任（responsibility）をとることであり、対処する能力（response-ability）を高めることだ。そしてもっと流れに乗り、集中し、機敏になれるのだ。人生は日々選択の連続だが、書くというレンズから眺めると意識的に自分の選択を見つめることができる。

私にはこんな体験がある。私は四年間、気難しい男性との関係に苦しんでいた。頭では、彼が冷淡なのは生い立ちのせいであり、生まれ星座のせいであり、その他いろいろ原因があると理論づけていた。

けれどあるとき、私はこう書いたのだ。「こんなふうにいつまでも隠れんぼしているのはいやだ。これ以上、私には自信がない。彼は愛馬ウォルターのようだ。私は十二年間ウォルターにエサをやっているのに、私が彼を撫でようとするたび、彼は鼻面を突きだして宣言する。

『俺はウォルターだ。俺は特別だ。美しく雪のように白いアラビア馬だ。誉め讃えるのはいいが、絶対にお前の思いどおりにはならないぞ』」と。

そのとたん、私の心の中で大きな変化が起きた。私は書き続けた。

「私はこんなゲームはしたくない。これはパワーゲームだ。よそよそしくすることによって、彼は優位を守っている。彼とつき合っていても幸せにはなれない。別れよう」

そして、私は別れた。書かなかったら、私にはそのパワーゲームを見抜けなかっただろう。この場合、書くことはセラピーのようだった。

書くことによって、私たちはより深い自分自身とつながる。私は二十年近く創造性開発講座で教えてきて、受講生の人生が書くことを通して変容していくのを見てきた。はにかみ屋で気弱な受講生が自己主張できるようになった。大げさで自慢好きの受講生が静かにエゴをひっこめ、つき合いやすい人になった。たくさんの人たちが心を開いて人間関係を深め、困難な人間関係から自由になり、仕事やアイデンティティを変えた。書くことは薬のようなものので、誰もが調合し、自分に処方できるのだ。

私の体験では、「書く権利」は自分の仕事を尊敬する権利、自分を人間として尊敬する権利、育み合う人間関係を得る権利などを与えてくれる。

ロバートの場合はこうだ。六カ月前、彼は日記を書き始めた。当時、彼は自分を軽んじる人間関係に陥っていた。彼の恋人は自分を彼の監督者と見なし、ロバートの生活のあらゆる面に干渉した。彼の芸術活動、友人関係、ビジネス関係などすべてを検閲して、だめだと決めつけた。ロバートはいつも先見の明がなく、欠点だらけで、それを直視しろというのだ。

ロバートは書くようになって、自分の考えを発表する場を得た。そして自分のことは自分で決め、自分で自分の考えを検証することが好きだと気づいたのだ。一カ月もたたないうち、ロバートと恋人の力関係は変わった。彼は、批判の種になる情報を彼女に漏らさないようになった。そして二カ月もたたないうちに、ロバートは感情面での恐喝をはねつけるようになった。彼女が彼の人格を攻撃すると、反発するようになったのだ。

三カ月後、ロバートは日記に、かつては運命の女性と見なしていたその恋人と、もう別れたいと記した。六カ月後には、実際に別れを告げる手紙を書いた。そして脅され続けていた弱虫のロバートはインドに三カ月旅行に出かけたのだ。旅先からの彼の手紙を読むと、すばらしい時間を過ごしていることがわかる。

私もロバートのように、書くことによって自分の地図を描いてきた。自分のみじめさ、喜び、一線を画したい領域、大平原のような寛大さの地図を、描いてきたのだ。書くことによって、私は「これ以上はあなたの中に踏みこめない」とか「私たちはこの点が共通している」などと言えるようになった。

書いていると選択肢が見えてくるため、自分が無力でないことがわかる。責任から逃げているときや重荷を背負いすぎているときに、それに気づける。今この瞬間を愛しているときや何かを変えたいと思っているとき、それに気づける。だからこそ、書いていると人生を変えられるのだ。

「人生をどう表現しどう理解するかで、どんな人生を生きるかが決まる。私たちは、まさに自分の人生の作者なのだ」と、セラピストで文章教室講師のマンディ・アフテルは述べている。自分が人生の作者なのだから、もっと積極的に書き直そう。愛する人たちにラブレターを書き、「大好きなあなた」と呼びかけよう。

書くことによってより深い自分とつながれるなら、時間や空間さえつなげられると私は思う。交通手段や通信の発達で地球は一つの村のようになりつつあるが、その村を本当に住みやすい場所にするには、私たちは書く習慣を取り戻さなければならない。

先日、私は作家の友人を招待し、手作りのホイップクリームをのせたストロベリーパイをごちそうしたあと、こんな手紙をもらった。

「あなたがごちそうしてくれたデザートのおいしかったこと。とにかくひっくり返るほどおいしかったわ」

ほんの数分の走り書きだ。しかしそのおかげで、何時間もかけて作ったごちそうがさらに味わい深くなったのだ。

　私たちに欠けているもののほとんどは、優しさだ。自分の考えをノートに記すとき、私たちは自分自身や相手に強いメッセージを送っている。そしてそれによってもっと多くの優しさを味わい、伝えられるはずなのだ。ソニア・チョケットは「言葉の力は、意識するしないに関わらず実在する。あなたの言葉は、あなたが実現したがっている夢のレンガでありモルタルなのだ。すべての言葉の後ろにエネルギーが流れている」と言う。

　エネルギーは「すべての言葉の後ろ」だけでなく、「すべての言葉の中に」流れている。書くことは自分のバランスをとるだけでなく、もっとも強力に世界のバランスをとる方法でもあるのだ。

　あらゆる人が生きるという仕事に取り組んでいる。私たちはみんな下書きの状態だ。書き終わった人、完全にまとめた人はいない。そして、欠点、気取り、気まぐれ、短所といった、人間ならではの体験をすべて書くことによって、もっと健やかで幸せになり、世界や自分とつながれるのだ。

エクササイズ

　前回オールダーセルフと交流したように、今度は「ヤンガーセルフ（幼い自分）」と交流し、人生の流れとつながろう。一人で静かな時間をとる。ヤンガーセルフに、あなたへの手紙を書いてもらおう。

ノートの上に手を置き、内なる井戸から水を汲み上げよう。ヤンガーセルフは、何を望み、思い、不安がり、夢みているか。幼いあなたが何を言っても検閲しないように。手紙を書くうち強い感情がわき出る場合もある。心の準備をすること。

少なくとも三十分は書こう。数回深呼吸して、ヤンガーセルフが伝えなくてはならなかったことを読み、心の奥で吸収する。作家として生きるにはヤンガーセルフとの絆が欠かせない。よく知り合おう。

20・チャンネルを開く

作家が原稿を書くためには、面倒なあれこれが必要だと考えられている。例えば、「完全に集中し、知的エネルギーをすべて投入すること。特別なペンとノート。整理整頓された机。受話器ははずし、家族は引っこむ。書くスペースは聖なる場所だ」といったふうに。

私は書くことを大げさにとらえたくない。いつでもどこでも書くというほうが好きだ。書くことに生活を支配されるのではなく、書くことで生活を満たしたいのだ。これは重要なポイントである。書くことが生活を支配すると、人間関係も書くことも「苦しみ」になる。隔離された部屋に自分のご立派な思考を携えて引きこもるなら、人生の流れを失い、新しいアイディアや刺激を失って、思考を形づくったり進歩させたり情報を得たりできなくなる。これはバランスの問題だ。たしかに書くための時間と空間は必要だが、それは思っているほど多くはない。書くことを俗世と一線を画した孤独な行為と見なさず、人生にもっとも深くはまりこんだ行為であり、人生との離婚ではないとみなすほうが有益だ。

たった今、電話が鳴った。相手はホメオパスでチャネラーのマーサ・ハミルトン・シュナイダーだ。私たちは「何かをしているとき、ふいに邪魔が入ったらどう感じるか」について話し合った。そして、「邪魔が入るということは、今の状況を新しい方向から見直すいい機会になりうる」という点で意見が一致した。マーサは言う。

「クライアントをリーディングしているとき、犬がわんわん吠えたとするわね。私は『ちょっと待って』と言って犬の世話をしてから戻るの。それで問題ないわ」

実際、私は何年も前からマーサにリーディングしてもらっているが、邪魔が入ったときは「問題ない」以上の成果があることに気づいている。彼女はリーディングを中断されている間に、新しい思考や洞察を得るのだ。同じことが私の仕事でもいえる。

書くことは知的な情報を発明することではなく、霊的な情報をチャネリングすることだ。

そう考えると、自意識の鎧を身にまとわなくてもすみ、流れるように書けるようになる。エネルギーを自分の内側から引っぱりださなくても、ただ書くという流れにプラグを差しこめばいいのだ。

エゴは「書いているのは私だ。私の思考を邪魔するな」と言いたがる。しかし実際は正反対で、芸術家の体験はもっとつつましいものだ。芸術家は、思考が自分の中を流れるのを許せる人のことである。どれだけエゴをどかせるかが、どれだけ自由に創造できるかなのだ。インスピレーションの流れにチャンネルを合わせ、それが私たちの中を流れるのを許すこと。その意味で、私たちは「開かれたチャンネル」なのだ。

「このオペラ（『蝶々夫人』）の音楽は、神が私に書きとらせた。私はただそれを紙に書き、人々に伝える手伝いをしたにすぎない」（ジャコモ・プッチーニ）

「着想は神から直接私に流れこんでくる」（ヨハネス・ブラームス）

「芸術家の立場はつつましい。本質的にチャンネルなのだ」（ピート・モンドリアン）

「私自身は何もしていない。精霊が私を通してすべてをなしとげる」（ウィリアム・ブレイク）

彼らは昔の芸術家であり、インスピレーションを神に帰することが受け入れられた時代だからだ、という反論があるかもしれない。しかしそれは時代のせいではなく、まさにそのとおりだからだ。彼らはただ、自分の体験を報告していたのだ。現代の芸術家たちも同じように報告している。優れたフルート演奏者ロバート・ジャクソンは言う。

「僕が吹いているんじゃない。神か偉大な精霊が僕を通して吹いているんだ。演奏が僕の音楽ではないと気づき、僕は本質的に道具にすぎないと気づいたときから、とても美しく吹けるようになった。けれど、それは僕のものではない。神のものなんだ」

書くことは祈りの一種だ。書くことで私たちは見えない世界につながる。潜在意識、無意識、超意識、想像力、芸術の神などと呼ばれる別世界への扉を開け、その世界が私たちに語りかけるのだ。書くことによって物事が整頓され、優先事項を見きわめられるようになるという意味で、書くことはスピリチュアルな掃除屋のようなものだ。

俗っぽく見えるときも、書くことは実際は霊的な道具だ。ノートを前にするとき、私たちは一人ではない。より高い力、日常の思考と異なる洞察とインスピレーションの流れが、私たちとともにあるのだ。

何世紀も前から、芸術家たちはこの高い次元を「神」と呼んできた。あなたがそれを「高次の力」「インスピレーション」と考えようが、「ハイヤーセルフとの交流」と呼ぼうが、大した問題ではない。大切なのは、書くことによってそんな情報や導きの源とつながり、役立てることができるということだ。

書くことを自分より大きな何かとつながることと考えると、書くことはもはや才能豊かな自分が指揮する行動ではなくなる。特別視しなければならないものではなくなり、ただ人生の一部となるのだ。

自分の原稿を「自分のもの」と考えたい誘惑は、とくにすらすら書けているときに生じ、人間の衝動として理解できる。創造し続けるより、貯蔵したくなるのだ。

「この作品はここ二十年で最高の出来映え。誇りに思うわ」

と、私はある中編小説についてデイビッドにファックスを送った。そのとたん、心の中でアラームが鳴った。

「気をつけろ。仕事がうまくいったと思うのはいい。だが、それはおまえの手柄ではないぞ。おまえはただこの仕事を受けとっただけであり、創造したのではない。おまえは聞き手であり、喋り手ではない。ただのチャンネルなのだ」

それは、戦争で生き別れになった夫婦の書簡集だった。

二人の関係は私がつくり上げたのではなく、私が書く前からすでに完全に象《かたど》られていた。私はただ、それを眺め、書き記すチャンネルとして選ばれたのだ。彼らには独自の声、思想、過去があった。私は彼らの家を見て、子どもたちに会った。私はバスルームと寝室、ガレージまでの道、裏庭の様子を知っていた。そしてただ、見せられたものを書き記しただけだ。

脱稿したとき、私のエゴは撃退された。

エゴはチャンネルになることを嫌がる。誉められたがり、非難を拒む。エゴは労せずして仕事を受けとり、しかも全部自分で考えついたという栄光がほしいのだ。もちろん、エゴから書くこともできるが、それはとても苦しく、消耗する。昔、私がアルコールびたりだった頃、私は才能を発揮して最高の作品を書こうと奮闘していた。しかしアルコールを断ったとき、私は偉大な作家になろうとする企ては的はずれであることに気づいた。ただ書き、批評にとらわれないことが必要だった。そんなとき、脚本家のジェリー・エアーズとダイアナ・グールド、ノンフィクション作家のモーリス・ゾロトウが、「オーケー、宇宙さん。あなたが質を請け負って、私が量を請け負うから」というメモを机に貼る方法を教えてくれた。

まったくいいアドバイスだが、自己卑下を勧められたエゴは不機嫌になった。それでも彼らのアドバイスを試したところ、あっというまにすらすら書けるようになったのだ。すばらしくよく書ける日もそれほどでもない日もあったが、ともかく滞らずに比較的らくに書けたのだ。

私は著者というこだわりを少しずつ手放し、自分をワープロのように考えるようになった。「それ」が何であれ、「それ」が私を通って書くことを望むようになったのだ。するともっと速く書けるようになり、エゴに気をとられなくなった。その後、仕事のレベルがどんどん上がっていったのは偶然ではない。

いわゆる作家として振る舞おうと気を揉まなくなってから、私は自由になり、本当の人生を手に入れた。私を通して語ろうとしているものに耳を傾けるようにしたら、書くという流れがちょうどスイッチを押せばつく電気のように、いつも手に届くようになったのだ。

家族や友人とつき合わなければならないときは、書くのを途中でやめ、あとで再びスイッチを押せばいい。重大事件が持ち上がったら、芸術の女神に待っていてもらえばいい。書くことは私の人生で二十四時間のパートナーだが、傲慢で嫉妬深い配偶者ではない。書くことの他にも、興味を惹かれるものはあるのだ。そして、私はそれらを仕事の糧にする。

空を横切る雲が野原に光の模様を描きだすように、書くことのなかには遊びがなくてはならない。人生の多様性すべてを包みこめるほど、書くことは大きく緩やかなのだ。

マーサはエゴをどけて他次元の情報を受けとるのに長けており、エゴを手放すことによって本当の自分自身になるパラドックスについて話してくれた。高次の自分が、エゴを包みこむのを許すこと。それが本当の自分になるということなのだ。

「もし今この瞬間を本当に味わうなら、そして実在するのは愛しかないことを思いだすなら、結果を思いわずらわずに行動できるわ」

と、マーサは言う。

物を引き伸ばして薄くするとついには向こう側が透けて見えるように、エゴを脇にどかせると、他の次元を体験できるようになるのではないだろうか。私たちは個性の織物を引き伸ばし、クモの糸のように透明になってインスピレーションに耳を澄ませるとき、より創造性を発揮すると同時に、著者であるというこだわりをなくしていく。

自分を通して生まれる作品が独自の生命と目的をもった実体であることを体験すると、しばしば畏れを抱くものだ。私たちは作品の著者というより、助産婦である。作品は子どもと同じで、私たちから生まれながらも独自の生命と運命をもっているのだ。

ある意味で、創造性は自分で左右できないものだ。それは与えられるものであり、勝ち取るものではない。創造性はエゴの発明品ではなく、魂に備わった機能だ。私たちは呼吸して生きるように、耳を澄ませて創造するようにできている。特別なペン、特別な部屋、特別な時間は必要ない。本当に必要なのは、創造力が私たちを通って創造することを許そうという意図だけだ。そして、私たちより偉大な何かに自分を開くと、逆説的にもっとも偉大な自分とつながれるのだ。

エクササイズ

心の扉をそっと開こう。このエクササイズには、開かれた心と科学的な調査精神が必要だ。「チャンネル・ライティング」と呼んでもいいし、「芸術の女神を訪ねるワーク」「高次の力とつながるワーク」と考えてもいい。

コツは「ごっこ遊び」である。高次の王国に心を開いているふりをして、実際にそんな王国とつながろう。

はじめは質問と答えという形式を使うといい。ペンをノートの上に置き、聞きたいことを質問しよう。どんな質問でもいいが、繰り返すうちもっとも効果的な質問の仕方がわかってくるはずだ。質問を書いたら耳を澄ませて、聞こえてきたことを書きだす。

質問が進むにつれ、どんどん細かい点まで尋ねられるようになり、あなたが取り組んでいる根本的な問題にたどりつく。

例えば、

質問：彼女は私を愛していますか。
答え：まず、あなたが自分を愛することだ。
質問：はい。けれど彼女の本当の気持ちがわかれば、もっと幸せになれるのですが。
答え：あなたはもっと直接的で具体的で愛のこもった行動をとるべきだ。
質問：私は彼女に大切にしてもらいたい。どうしたら彼女はそうしてくれるでしょうか。
答え：自分を大切にすること。そして、愛を受けとる扉を開かなくてはならない。

受けとったガイダンスは、驚くほど頑固で現実的で実際的だろう。答えはしばしば、私たちの通常の思考よりもっと単純で賢い。思いもよらなかった風変わりな解決法が提案されるかもしれない。しかし、私と受講生の体験からして、そのアドバイスは実行する価値がある。

慣れてしまえば、このエクササイズはひんぱんに活用できる。このエクササイズを使って内なる井戸に下り、仕事、人間関係、創造活動の問題を解決した人はたくさんいる。

まず三十分、質問と答えのやりとりを行うこと。つぎつぎとアドバイスが流れこんできても驚かないように。

21・統合

四日前、私はひどい落馬をした。いつもどおり私に責任がある。ボブというお気に入りの若馬に乗ってジャンプコースに向かっていたとき、約束どおりに連絡してきたためしのない人と電話する予定に気をとられていたのだ。私が気がそぞろであることに気づいて、ボブも注意が散漫になった。彼は突然向きを変えてフェンスを飛び越え、私は落馬して左半身と足首を打った。

まだ肋骨がきりきり痛み、決まった姿勢でなくては眠れない。激痛は容赦なく私の注意を体に向けさせる。快適ではないが、それでも体に意識を向けるのは歓迎すべきだ。私は突っ走るのをやめ、自分がいた場所を吟味しなくてはならない。そのため、いつもどおり私はノートに向かう。書くことは統合するとき役に立つのだ。

「統合」(integration) という言葉の語源は、「完全」(integer) という単語だ。人生を大慌てで駆け抜けると、私たちは「全体」(whole) ではなく、「穴」(hole) になってしまう。出会いや体験がむやみやたらに胃袋に詰めこまれるが、消化されず吸収されないので、おなかはいっぱいでも満たされない気持ちのままだ。

統合するには、体験を人生のより大きな視野でとらえ直さなければならない。生活のペースを落とし、人生で新しい楽章が始まるときはそれに気づかなくてはならない。

カールは精力的なテレビ会社の重役だ。彼は競争を勝ち抜き、足元の危ういキャリアの頂点にいる。他人からは理想どおりの人生に見えるが、カールの心の中には微かに満たされない思いがある。

「僕は、人々にいい作品を提供したくて製作に関わり始めたんだ。でも今の僕は、僕の成功を示す視聴率が作品の質を反映しているという確信がもてない」

カールは実存的な危機にある。心の現実と外側の世界がかみ合わなくなったのだ。カールは毎日書くことによって、自分の価値体系の亀裂を見つめている。

「僕はノートに書きだし、読み返す。悩んでいないふりも順調なふりもしない。そのかわり、僕は毎日、自分が望む人生に近づくために何ができるか探しているんだ。僕は実際に放映する番組を地球レベルで提供すべき作品に近づける方法を模索している。ビジネスではなく良心に従って決めていきたいんだ。だからノートを相談相手としてアドバイスを求める」

カールは自分の夢を現実と統合しつつある。

四十歳前半の女性アリソンは、つい最近、夫を亡くした。癌と診断されてから、あっという間の苛酷な闘病生活だった。

「ロブに先立たれてから、私は書き始めたわ。書くことで、彼と私たちの過去と一緒に描いた夢に、さよならを言うの。それに、ロブを失った私として、新しい誰かにこんにちはを言おうとしているの。ほんの少ししか書けない日もある。書くことしかできない日もある。書かなければ私はこの試練を越えられなかったわ。今は書くことが人生すべてなの」

アリソンは過去を未来と統合しつつある。

書くことは、その肩にすがって泣ける友人だ。書くことは親友であり、私たちの言葉に耳を傾け、考えをまとめさせてくれる。書くことは仲間であり、悲しみと絶望の険しい日々を一緒に歩んでくれる。書くことは心の風景であると同時に、心の風景を変える方法でもある。私の人生も今、新しい楽章に入ろうとしている。ここ何年もの間、仕事と思考の中心を占めていた恋人との関係が終わりを告げたのだ。それは私の心の地平線に立ちはだかり、他の風景を追いやっていた。しかし六週間前から、私は人生のレンズをゆっくり後ろに下げている。映画用語でいうなら、フォーカスを引き視野を広げているのだ。

そう書きながら、私は感情があふれ出るのを感じる。まず、悲しみだ。私は恋人と仕事をするのが大好きだった。彼そのもの、そして彼の芸術に心からわくわくした。次に、どこかほっとしている。私はこれまで、彼のむら気や突然居所がわからなくなるといったことに振り回されてきた。それから、怒りがある。

「一緒に仕事をすれば、感情的なエネルギーを奪われてしまうことになぜ気づかなかったのだろう。まるで卵の殻の上を歩くみたいに危うかったのに」

そして、また別の感情があふれ出す。風に吹かれる草のようにざわめく好奇心だ。新しいことが始まろうとしている。まだ見えてこないが、私はそう感じる。

落馬によって突きつけられた泥まみれの現実は、創造活動における変化の現実面での現れだ。はじめは彼との個人的な距離が遠くなった。そして、仕事面でも距離をおくようになった。そのプロセスで、私は苦しみ傷ついた。自分をていねいに世話するため生活のペースがゆっくりになった。そんな今、書くことは私の支えだ。私は自分に真実を告げるために書く。芸術作品を創るためでなく、物事をはっきりさせるために書く。私は今、詩を書いている。私は感情を誠実さに統合しているのだ。

たっぷり長く深く書かなければ、私は愛が消えたことに気づかないふりをし、彼と私はちょっと行き違っているだけで、希望や夢が残酷に打ち砕かれたのではないかのように前に進もうとしただろう。

私は裏切られたと感じている。心地よい感情ではないが、その感情は事実だ。そして私は立ち止まり、吟味し、この残骸を整頓してから前に進まなければならない。

統合するために書くとき、書くことは川であると同時に川を渡るための橋だ。恐怖を乗り越えて直視すべき深淵であると同時に、向こうに投げる命綱でもあるのだ。毎日書いていると、私たちは激動の日々を歩ききれるだけでなく、少しずつうまく対処できるようになったことを記録し、落馬した場所を見つけだせるのだ。

エクササイズ

いつのまにか人生の歯車がかみ合わなくなるときがある。そんなとき、私たちは自分を統合し、全体的な存在に戻らなければならない。

十五分とって、「こうであったらいいのに」という願いを二五種類、素早く書きだす。望みはささいなことから本質的なことまで、個人的なことから職業上のことまで及ぶだろう。

例えば、「髪がもっと長いといいのに」「妹がもっと近くに住んでいればいいのに」「もっと自由になるお金があればいいのに」など。

このリストはあなたが思うより強力だ。毎月一回書きだすと、文章は私たちを無意識のレベルで動かし、夢を叶える方向に行動させる。「もう少し体を動かしたい」と書けば、少しきびきび歩いている自分に気づくだろう。「もっとクラシックを聴きたい」と書けば、ビバルディの作品集を買っている自分に気づくだろう。「望みのリスト」を書いたら、日付を書いて保管すること。毎月一回、あるいはとくに動揺しているときは、いつでもリストを書きだそう。

22・自信

どんよりした曇り空に重苦しい空気が漂っている。嵐が近づいている。私の気分も今日の天気に似ていて、書く気がしない。内なる検閲官が目覚め、異変を嗅ぎつけたヘビのように鎌首をもたげ、「あんたに何が書けるというのか。あんたが言いたいことはとっくの昔に他の人がもっと上手に表現しているよ」と息巻く。いつかも、そいつが私に話しかけてきたことがあった。そう、私が新聞のコラムニストだった頃、警備員が「本物の作家に見えない」と言って、身分証を見せても中に入れてくれなかったときだ。

それはいわば「自信を打ち砕く攻撃」で、作家は誰もが体験している。この危機をやり過ごす術を身につけることは、作家として生き抜くために不可欠だ。この怪物は、書くプロセスより結果が重要だと考えており、最近の評判だけを気にする。ただ書くだけで作家と呼べることを、この怪物はまったく考慮しない。書き上げたという事実は無視し、あなた以外の誰があなたを作家と呼んでいるかを重視する。

誰かに「小説を書いた」と言うと、もっともありふれた反応は「すばらしいね」ではなく「出版社は見つかったの?」だ。作品が本になり、収入を得られるかが気になるのだ。その点がクリアされると、次は「売れ行きは?」という質問が待っている。

書くために書き、その点において自分を信頼するという発想は、ほとんどのアメリカ人にない。出版されるのは優れた作品だからで、出版されないのはアマチュアだからだ、と誤解している。出版されない作家を片思いに苦しむ人と見なし、「書くことだけに一生をかけないほうがいいよ」などと言う。どうしたら売れる本を書けるかというガイドは急増中だが、「幸せに書けることについて書こう」という趣旨のアドバイスはほとんどない。好きだから何かをするというのは愚かしいことに思われている。

今朝、朝食の席で、ある女性が私に言った。

「私は本当の作家ではないの。子どもの頃からほとんど毎日書いていて、書くことは私の人生には欠かせないけれど、プロの作家じゃないから」

教養があり、常識の罠から自由な女性でさえ、自分を作家と思えないのだ。

「短編や詩やたまに記事も書くけれど、文法について何も知らないから、自分を作家とは思えないわ」と言った女性もいる。私は彼女の署名記事や楽しい手紙を思いだして、愕然とした。私はいつも彼女を作家と考えていたのだ。

最近、ある男性は「私は作家かもしれないが、ただのビジネスライターなんだ。使用説明書を書いているけれど、作家と呼べるほどのことじゃない」と言った。

なぜ、作家と呼べるほどのことではないのか。物事を順序立ててわかりやすく書くのは、私が今まで経験した中でもっとも困難な作業の一つだ。それが、なぜ書くことと呼べないのか。「本当に書くこと」と「そうでない書くこと」の違いや、「わかりやすく書くこと」より「芸術作品を書くこと」のほうが高級だという序列は何に由来するのか。

作品が出版されたら自分を作家と思える、と言う受講生もいる。しかし、そうかもしれないし、そうでないかもしれない。自信を打ち砕く攻撃は狡猾で不可解であり、キャリアを重ねればそれと歩を合わせて厳しい条件を出してくるものだからだ。

「一冊いい本を書いたかもしれないが、あんたはそれで終わりだよ」

「記事が採用されたのはまぐれだ」

「あんたにはコラムを書き続けられるだけの器量はないって、いずれみんな気づくよ」

そんな攻撃への唯一の解毒剤は、好きだから書く、ということだ。しかし効き目は長く続かず、解毒剤を再びすぐ投与しなくてはならない。

今日書きものをしたなら、あなたは今日は作家なのだ。何かを達成すれば恒久的に作家だといえるなら、話は簡単だ。しかしそうではないし、もしそういうことがあるとすれば、その評価は死後に定まるものである。

一ページずつ、一日ずつ。自分への信頼は、ただ書くことによってのみ生まれる。そしてそこにこそ、本当の栄誉があるのだ。

エクササイズ

自己表現するには表現すべき自己が必要だ。

人生を振り返って、あなたが誇りに思っていることを一〇〇個リストにしよう。周囲の評価は関係ない。これはごく個人的なリストである。

例えば私のリストはこうだ。1・ドメニカに車の運転を教えていること　2・私の脚本『アヴァロン』が上演されたこと　3・六年生のいじめっ子に立ち向かったこと　4・中編小説を三本書いたこと——

すべてを書きだすのにおそらく三時間ほどかかるだろう。一気に仕上げられる人もまれにいるが、ほとんどの人は途中で休憩をとる。

リストはプライベートな履歴書であり、あなたがどんな価値観をもっているかを示す。このリストを読んで、自信とは心理的な問題であり、物質的な問題ではないことを思いだせば、「自信を打ち砕く攻撃」に対処できる。

23・居場所

私が文章を書き始めたのは、実家の階段を上がった隅の寝室だった。小さな部屋で、鏡台、机、ベッドは白く塗られていた。カーテンは薄紫と白の縞模様だった。私はそこで、転入生ピーター・マンディの心を射止めるため詩や短編を書き始めたのだ。

高校時代には薄暗い地下室にこもって書いた。アップライト・ピアノやポーカーテーブル、古びたソファーや椅子があった。私は学生新聞の記事、詩、たくさんの短編を書いた。私はジョン・ケインの関心を引きたくて、それに成功した。

大学では、ジョージタウン・ライブラリーの片隅で書いた。図書館の入り口の上には陰気な彫像があって、まるで内なる検閲官にそっくりだった。彫像の陰険なまなざしの下で、私は詩、レポート、短編を書いた。

両親が病に倒れたとき、私は看病のためイリノイ州リバティーヴィルに戻り、昔の場所で書くようになった。私は再び地下室に戻って『ローリングストーン』の草稿を書き、弟ジェイミーの寝室で、リンゴとチェダーチーズとスコッチウイスキーだけを口にするダイエットをしながら、『朝』という若々しい小説を書いた。当時、私はオリンピアの旧式のタイプライターを使っていた。

両親が回復したあと、私はワシントンに戻って書きものを続けた。私は喫茶店、公園、アパートの格子窓に面した小さな机、列車の中、待合室で、白黒の水玉模様のノートに書いた。私はどこでも書くようになったのだ。私は当時、『ワシントンポスト』の郵便物仕分係として雇われていた。そして、重いタイプライターの中で丸まっているカーボン紙の長いシートの上に書き始め、それがジャーナリストとしてのスタートになった。

やがて、私はジャーナリストとしてアメリカ各地のホテルに泊まり、所定の用紙に手書きで書いたり、窓に面した机にタイプライターを置いて書くようになった。そして飛行機で出張するうち、時間のトンネルを駆け抜けながら原稿を書き進めるという、機内で書く楽しみを発見した。

その頃、私は黒い革表紙のノートを持ち運んで、ポラロイド写真を撮るように自分が書いた場所をスケッチした。当時の私は、よく書くためには場所の感覚が大切だということにまだ気づいていなかった。

七〇年代初頭、ウォーターゲート事件の最中に、私は「ローリングストーン」のために作品を書いた。ハンター・トンプソンが私に「うまく書く秘訣はうまいメモにあるよ。僕はたくさんメモしているんだ」と言ったことを覚えている。

メモをとるとは、作家が今どこにいるかを明らかにすることでもある。作家が今いる環境を注意深く具体的に説明すると読者は作家と強い絆で結ばれ、いっそう身近にダンスできる。

作家がいる場所をはっきりさせることは、読者との絆づくりに不可欠なのだ。私がどこで書いているかを表現すれば、読者にとって私という存在が現実味を増す。

例えば、「この部屋の壁は薄紫色に塗られ、ドライフラワーの花輪とトウモロコシが飾られている」と書けば、読者は私をロマンチックな自然愛好家と考え、私が辛辣な文章を書いても、私のもっと穏やかな面を考慮して理解してくれるだろう。

「書斎には祭壇を設《しつら》え、娘と私を現す陶器の人形を飾っている」と書けば、読者は私の短編がどれほど現代風でも、私が家族を大切にし、昔ながらの価値観をもっていることがわかるだろう。さらに、「コンピュータのすぐそばには、今二十一歳の娘が赤ちゃんの頃の写真を飾っている」と付け足せば、読者は私のセンチメンタルな面も考慮してくれるはずだ。詳細を記し、どこで作品が書かれているか正確に位置づけると、読者は作品と深く結びつく。しかしそれより重要なのは、そう書くことによって作家が作品との絆を深め、「私はまさにそこにいて、まさにそれを感じていた」と述べ、作品を自分の体験として宣言できる点にある。具体的な場面は移ろいゆくが、その下には深い感情の流れがある。そしてそこにつながると、自分や読者の心の奥に触れることができるのだ。

カール・ユングは占星術について、「我々は特定の時間と特定の場所で誕生する。そして年代物のワインのように自分の起源を保ち続けるのだ」と述べている。

同じことが作品についても言えるかもしれない。私はコロラド州ボルダーで中編小説『天国と大地の間で』を書き始めた。私は芸術活動におけるパートナー、ティム・ウィーターと別れたばかりだった。彼はオーストラリア奥地に入ったまま数カ月も連絡がとれなくなったのだ。出発するとき、彼は「僕たちにぴったりの作品を書いてくれよ」と言った。

私はヴィクトリア朝ふうの寝室で枕に寄りかかり、窓の外の一週間来の雪景色を眺めながら、夫妻の往復書簡という形式の小説を書き始めた。ウィーターは日の照りつけるオーストラリアにいたので、私は登場人物の夫が暑いベトナムにいると想定した。私は寒い冬景色の中にいて、半マイル先は山麓だが西には広大な平野が広がっていた。そこで、私は妻が山のないカンザスにいると想定し、雪は舞台からカットした。

私たちは一緒に創造活動をしていたのに、ウィーターは突然出発した。私は妻に双子の息子がいると想定したが、それはまさに私が感じていた責任の重さを表していた。ウィーターが置き去りにしていったスタッフをまとめるのに、私は苦労していた。そこで、私は父親がいない息子たちがやんちゃで手をつけられないというふうに想定した。

妻は、夫がベトナムの売春街のそばに住んでいることを心配している。当時、私が原稿を書いていたボルデラドホテルは、事実、開拓時代は売春宿だったのだ。妻の寝室はそっけなく色気がなかったが、それはまさに私が寝泊まりしていた部屋そのものだった。私は自分の生活を夫妻の生活に翻訳しながら、少しずつ詳細や事件を書き加えていった。ボルダーの湿った枯れ葉がカンザスの小さな町の湿った枯れ葉になった。中途半端なプロジェクトを抱えた悲惨と孤独は、夫のいない家庭の悲惨と孤独に変わった。私は自分の人生を変えることはできなかったが、現状を芸術に昇華した。

このエッセイを書いているうち、春の朝の澄みきった青空にぶ厚い灰色の雲がたれこめてきた。昨日はすばらしい一日だった。私は最近親しくなった友人とお喋りを楽しんだのだ。しかし今、私たちの間には、タオスバレーにかかっている雲のような暗雲が立ちこめている。

ゆうべ日が暮れてから、私たちはふいに大きな諍《いさか》いをしたのだ。しかし今日、ライラックは諍いにも関わらず咲き続けている。

本当のところ、私も、諍いにも関わらず咲き続けている。長い冬は、雹《ひょう》が降ったとしても、いずれは終わるのだ。

エクササイズ

私たちは書くとき、自分を世界の中に位置づける。その逆に、自分がいた場所に意識を向けることで、そのとき感じていたことを細かい点まで深く感じとることもできる。つまり自分が物理的にいた場所の地図を作ると、心理的な地図を正確に描けるようになるのだ。

喫茶店や図書館に行き、ノートを広げて今まで住んだことがある場所を残らず書きだそう。リストを作ったら、とくに鮮明に記憶に残る場所を一つ選ぶ。そこの場所と当時の自分を思いだし、三十分間一人称現在形で書いてみよう。

例えば、「私は十九歳の大学三年生で、ブロンクスのアディー通りの木造家屋の最上階に一人で暮らしている。アパートは三部屋で、小さなリビング、寝室、台所、バスルームがある。窓のすぐ外には大きな木がある。リスが枝を駆けまわり、窓のすぐそばまできて、書きものをしている私を観察する。一人暮らしは不安だが、私は勇気を奮い起こそうとしている。窓を開けると、半ブロック先のパン屋から焼きたてのイタリアンブレッドの香りが漂ってくるのが、私は大好きだ」というように。

　このエクササイズをしていると、心を強く揺り動かされるだろう。連綿と続く時間の流れや、物語を書くときの興奮を深く感じることができる。

24・幸福

作家は悩める魂で、苦悩や疎外感、憤りから書く——多くの人が、そんなふうに思いこんでいる。たしかに、そういった理由で書かれる作品もある。しかし、作家が書く理由は他にもたくさんある。喜びから書くというのも、けっして珍しくはない。

私は幸せに目がくらみながら詩を書いたことがある。ちょうど作曲家ティム・ウィーターと二人の作品を発表しながらアメリカ中を旅していたときのことだ。彼は私に、一緒に詩のアルバムを作ろうともちかけた。私たちは各地でコンサートや詩の朗読会を開き、私の著書『創造性の金脈』と彼のアルバム『ハートランド』を紹介した。作品は好意的に受けとめられ、たくさんの知り合いができ、旅の途中で友人を訪れるゆとりまであった。

私はウィーターの音楽が大好きで、今後何年も彼とツアーを続けたいと思っており、夢が実現していく喜びに輝いていた。創造活動が与えてくれる深い喜びに驚嘆しながら、いつもノートに向かって書きものをしていたものだ。ウィーターがアルバム製作を提案したのは、私からあふれ出る詩、しばしば一日に三編も生まれる詩をなんとかするために思いついたアイディアだった。「ツアーに芸術の女神を誘うなんて、私って抜けめがないわ」と、私は冗談を言ったものだ。

純粋な喜びから書く作家は、私だけではない。友人のナタリー・ゴールドバーグも、「世界を愛しているから書くというのは、私たちの最大の秘密ね」と言っている。

愛、歓喜、至福、あるいは単に好きだからという理由で書いてもいいことを知っていたら、どれほど多くの本が生まれていただろう。

書くことは祝福であり、同時に祝福を倍増させる方法だ。私たちは否定的なイメージを膨らませるのが得意で、不安から書くのが上手だが、もし肯定的な想像力を持ち続けられるなら、作品や世界への見方は変わるはずだ。

私は恋に落ちかけている。過去の体験と比べると、「恋に落ちる」というより「恋に舞い上がる」という感覚に近い。おそらく私が年を重ね、二度の離婚を経験し、長い間独身だったせいだ。たしかに、新しい恋は唐突に私の心を奪ったが、私は鏡のような池をスケートで風を切って飛びだそうとはしていない。反対に、はじめてスケートをする人のように、慎重に薄い氷の上に足を踏みだそうとしている。

私が愛し始めた男性は、背が高く、親切で、愉快だ。信じられないほど繊細・気まぐれな作家で、唐突に幻想の世界に飛んでいく。私は男性の気まぐれには慣れていない。私は魅了され、次に何が起きるのか期待しながら彼に釘づけになる。

この恋は思いもよらないうちに始まった。現実の人生はどんなときも幸せを運ぼうとしている。もっともみじめなときでも、愉快な出来事に気づかないふりをするのは難しい。私にはこんな体験がある。マンハッタンに住んでいた頃の、ある悲惨な冬の日だった。私も娘もひどい風邪にかかり、家に閉じこもったまま、みじめな気持ちで愚痴を言い合っていた。そんなとき、私はふと娘を散歩に誘ったのだ。

私たちは冬のコートに身を包み、ティッシュを多めに持った。道に出ると、寒さで身が引き締まった。ある街角では、帽子とスカーフと手袋を売る商人が呼びこみをしており、ウエストハイランド・テリアがテーブルの下に潜りこんで飼い主を手こずらせていた。次の街角では、茶色い目の双子の赤ちゃんが、ちょうど彼らと同じ背丈のスパニエル犬を見て興奮して笑っていた。どんなひどいアメリカ映画を観ようかと、楽しげに言い合っているイギリス人カップルとすれちがった。そして私たちは、十二月の冷たい光の中に広げられた夏向けのネックレスに見とれて、立ち止まった。その後、爪先までミンクをまとった小柄な老婦人とすれちがった。彼女は、自分より背が高い氷のような金髪の娘の腕にすがりついていた。

「小さなおばあちゃんになったママを、私がお世話をするところを想像してよ」

と娘は陽気に鼻をならし、私の腕をとって自分の腕にまわした。

何が起きたというのか。散歩を始めたとき、私たちはみじめで心を閉ざしていたのに。実際に新しい出会いがあったのではないが、一歩進むごとに幸せが忍び寄ってきたのだ。

散歩をすると肉体に酸素が供給され、エンドロフィンと肯定的な感情が流れだす。同じように、書くと魂のバランスが化学的に変わるのだ。バランスと平衡感覚を取り戻し、頭がすっきりし、正しい行動がなにかわかり、一日がまとまっていく。幸せとは無縁のときも、書いているうちに幸せだった頃を思いだし、幸せな感覚そのものが蘇る。

書くことは人生を慈しむ方法だ。マンハッタンの冬の日の小さな奇跡について書きながら、私は道端のテーブルに広げられた、きらきら輝くカリブの宝石のイミテーションを思いだして、露天で生計を立てる行商人たちの楽観主義に感心する。

「このネックレスをごらんよ。今朝作ったばっかりだよ」

と行商人は売りこみ、カリブの休日の色をしたネックレスをいじった。彼は自分の作品の美しさに満足して、顔を輝かせていた。とくに、緑の次は青、金ではなくて銀というような、色合わせが気に入っていたのだ。その連なりでネックレスができたのだ。私は彼を見て、よく吟味され推敲されたパラグラフに喜ぶ作家を連想した。

作家も言葉をビーズのようにいじり、一つずつ選んでいく。書くことも宝石のデザインと同じ、選びだすことによって作品を創りだす作業だ。作家に選択をうながすのは作品そのものであり、選択することによって作家は幸福の可能性を感じとる。

人生の祝福を感じるには二つの移ろいゆくものが大切だ。一つは安定性で、もう一つは変化である。書くことによって、この二つを感じとれる。つまり、日々が継続していることを実感して安定する。そして変化が起き、変化が起きたことに気づけるのだ。

したがって、作家の人生の核心には確実な幸せがある。私は幸せを見つけるために書き、そして再び、書くという幸せを見つけるのだ。

エクササイズ

大きな苦しみや憂鬱があるときほど書くのが難しくなる。落ちこんでいるとき、書くことは煩《わずら》わしい雑事に思えるかもしれない。逆に言えば、真正面から幸せというテーマに向き合うとすらすら書きだせるのだ。

一時間たっぷりとること。お気に入りの音楽を流し、湯気の立つ湯船にゆっくりつかろう。泡のように自由に心をさまよわせよう。それから優しい気持ちで、あなたを幸せにするものは何か考える。タオルで体を拭き、急いでノートを広げて五〇項目ほど書きだすこと。

例えば、1・宵の明星　2・ゴディバのチョコレート　3・ビートルズ　4・すばらしい夕日……など。

幸せは気分ではなく、決断だ。五〇の幸せのリストを書きだすと、どれほど単純な喜びがあるか、そしてどれほど単純な方法で自分を幸せにできるかに気づける。

25・成功

先日の午後、若い作家がわが家を訪れて手作りパイを味わい、書くことについて私と話した。彼は若くハンサムで、白いテニスウェアを着たフィッツジェラルドのように颯爽としており、いかにも典型的な若い作家といった雰囲気だった。彼は興奮していた。犬たちとヤマヨモギの茂る野原に散策に出かけたとき、彼は短編二編と、歯切れのいい記事を一本書いたことを話し、今後の夢について語った。ただ「作家としての成功の見込み」だけが不安の種だった。

「僕は書くことが大好きで作家になりたいんだけれど、才能があるか不安なんだ」

「才能なんて気にするんじゃないわ、ただ書くのよ。演出家のマーティン・リットは『僕は才能なんて気にしない。ただ仕上がりが気になるだけだ』と言っているわ」

他の職業では尋ねられもしない質問が作家については持ち上がることを、私は興味深く思う。

例えば、「証券マン・小学校教師・化学者として成功する見込みはあるか」という質問は存在しない。

ほとんどの職業の場合、その職業に対する興味があるなら適性があり、成功のチャンスも高くなると考えられているが、作家は別と思われている。しかし実際は、作家として生計を立てたいと願い、書こうとしているなら、成功の見込みは高くなる。これは単純で哲学的な法則だ。ゲーテは「できると思うことは何でも始めよう。行動には魔法のような祝福と力が備わっている」と言った。私は若い作家にゲーテの言葉を教えた。

「でも、人脈がなくちゃだめなんじゃないの」

「必要ないわ。もしあなたがうまく書くなら、必要な人たちはいずれあなたを見つけるわ。だから、あえて人脈を広げようとしないことね。ただ書くのよ。手が届きそうでしょ」

「いいや。むしろ手厳しいって感じる」

「自分の能力しだいだから？　あなた以外に責任者はいないってことだから？」

「ああ。つまり、作家になるにはとにかく書けって言うんだね」

「それが私の方程式よ。書き始めた瞬間、作家として成功する確率は一〇〇パーセントに跳ね上がるの。だってあなたはすでに作家なんだから。書いているんですもの」

「でも出版されるかどうかわからないじゃないか」

「書き続けるなら、いつか出版されるわ。でも、出版されることばかり気にするなら、あなたは書かないかもしれないわね」

「だって、もし永遠に書き続けて、それでも出版されなかったら？」

「そんなことは今までないわ。少なくとも、一作書くたびに出版の可能性は高まるわ」

若い作家はうんざりしていた。彼は、なにはともあれ、ただ書かなくてはならないことがわかったのだ。

「原稿を人目にさらすのが恐いんだ」

「みんな恐いのよ。コツは書き続けること、そして読んでもらうことね。書くのをやめないこと、反響を期待しないこと、書く勢いを落とさないことよ」

「勢い」という言葉が、宙に浮いた。彼が書く勢いをつけるため、外側の合図をほしがっている気持ちはよくわかった。彼は信じていなかったが、私はそのときがくることを確信していた。彼が真剣に取り組むことこそが、その引き金になるのだ。ここ三十年、真剣に取り組んだことがきっかけになってチャンスが向こうからやってくるのを私は自分でも体験したし、ほかでも見てきた。

成功するはずがないと言われていた遠征に出かけた登山家ウィリアム・ハチソン・マレーは、努力に関してこんな名言を残している。

「独創性や創造性に関しては、基本的な真実が一つある。すなわち、無数のアイディアやすばらしい計画を殺しているのは、無知なのだ。人間が真剣に取り組む瞬間、神の摂理も動きだす」

「神の摂理も動きだす」というのは、意味深長な言葉だ。私たちはまず真剣に取り組む。すると、私たちが真剣に取り組む方向に宇宙がついてくるのだ。私は創造性開発講座で受講生たちに教えるなかで、共時性の物語を何度も聞いている。「短編を書き終わった直後、パーティーで文芸誌を創刊したばかりの人に出会った」とか、「芸術について書きたいと決意したとたん、地元紙の芸術欄担当のコラムニストが東海岸に引っ越したことがわかった」など。

私たちが真剣に取り組むと、宇宙も真剣に取り組んでくれるのだ。私たちが原因となり、宇宙が結果を運んでくるのだ。しかしここでも再び、無力感という見当違いの感覚に落ちこむ人があまりに多い。「作品が出版されたら本当の作家になれるんだが。出版される見込みはどれくらいだろう」と、自分に言ってしまうのだ。

自費出版するつもりなら、出版される見込みは一〇〇パーセントだ。私の著書『ずっとやりたかったことを、やりなさい』（原題『The Artist's Way』サンマーク出版）はすでに四百万部以上売れたが、はじめは自費出版だった。私は芸術が本質的に民主主義であることに深い確信がある。誰かが何かについて原稿を書くほど意識を向けているなら、それを読むくらい注意深い誰かが必ずいると信じているのだ。

私からみれば、宇宙は残酷でも気まぐれでもない。書きたいという欲望は人間の根深いコミュニケーション欲求であり、それは必ず、同じように強力な「コミュニケートされたい」という欲求によって応えられる。つまり、どんな作家にも読者がいるのだ。

私は数分間、若い作家の成功の可能性について考え、彼は正反対のことを考えながら、黙って歩いた。とうとう彼が口を開いた。

「だけど、作家として生計を立てるにはどうしたらいいんだろう」

「書けばお金はついてくるわ。原稿は一つの仕事なの。服を仕立ててもらったり設計図を書いてもらったりした人が支払いをするように、読者はお金を払うの。そして、建築家が賃金を払われようが払われまいが好きで設計図を書いたり、仕立屋が純粋な楽しみから服を仕立てるときもあるように、作家はとにかく書く人のことで、それで報酬を得るのは書いたあとの問題なのよ」

「僕はまだ原稿料をもらったことはないな」

「いずれそうなるわ」

「確証があればいいのにな」

収入になる仕事のほうが正当だという発想は、とてもアメリカ的だ。しかしスポーツの世界を思いだすと、アマチュアの中にも優秀な選手がいるように、もっとも優れた作家もアマチュアの中にいるかもしれないことに気づいたらどうか。その作家はプロになることを絶対に選ばないかもしれないのだ。

「僕は出版されたらどれほど嬉しいだろうって、ずっと考えているんだ」

と若い作家は言った。私たちは家に向かいはじめた。ブラックベリーパイを食べ、彼はハーブティー、私は濃いコーヒーを飲むつもりだった。

「それじゃ、思いつく方法を全部リストにして、自費出版することに全力を注いだら」

「自費出版だって？　僕は、誰かに『あなたは作家だ』と言ってもらいたいんだ」

他人に出版してもらえたらどんなにいいだろうと考え続けていると、自分の力を失ってしまう。そんなことを考える暇に、まず決意をかため、思いつくかぎり多様な方法や場所で作品を公にすること。皮肉だが、自費出版に本気で取り組む瞬間、作家自身がそれほど自信をもっている作品は、出版社にとっても価値を増すというのもまた真実だ。それは、恋人のいる少女はただそれだけの理由で魅力的に見えるというのに少し似ている。

私が住む山間の小さな村ニューメキシコ州タオスでは、作家たちは読書会を開いている。リビングルームや小さな喫茶店に集まって、お互いの作品を読み上げるのだ。町のコピー屋で自分の物語をコピーし、郵送したり手渡したりする。ホームページでも原稿を公開する。さらに一歩踏みこんで、「ともかく印刷しよう」という趣旨の小さな出版社もたくさん設立され、成功している。

「でも、家族はみんな僕をただの物好きと思っているんだ」

じつはそのことが、これほど多くの人たちが書くのを難しいと考えている理由の核心だ。私たちは自分に書く権利があることが信じられない。家族や親しい人たちと共有している自分の人生体験は、なぜか素材に適さないと思いこんでいるのだ。

作家になりたいというと、たいていの場合家族は黙ってしまうもので、それも無理はない。というのも、彼らは自分が原稿の素材の一部になることを感じとるからで、それはたしかに必ずしも快いものではない。また、家族は私たちを愛していて、作家稼業に関する否定的な風評を私たちと同じくらい耳にしている。そして、私たちに成功した人生を送ってもらいたいがために、私たちに「作家になるのは難しい」と言うのだ。

しかし、好きな職業で勝負することは喜びでもある。水泳選手は水をわが家のように感じるから泳ぐべきであるように、またホッケー選手は足が走りたがっているから走るべきであるように、作家は、ごく単純に、書くことが幸せだから書くべきなのだ。

「でも、作家として生きるなんて自堕落という気もする」

銀行業務が好きな人は、その仕事を選んだからといって自分を責めることはないだろう。そう思うと、私は非常に興味をそそられる。歴史が大好きで歴史教師になろうとするなら、それは社会的に受け入れられる選択だろう。たとえ自分の好きなことをするということじたいに、そもそも少し自堕落な要素があるにしても。

そして同じくこんな疑問がある。自堕落であることの、どこが間違っているのか。好きなことをするのは間違いだと考えるのはなぜか。カルバン主義の清教徒の伝統に、その原因はある。けれどしばしば、好きなことをするのは、ともかくとても正しいのだ。

私は若い作家に、ブラックベリーパイとハーブティーを振る舞った。彼は招待に礼を述べて、町へ帰った。私は机に戻り、幸せな気持ちで書き始めた。正論を述べるより実践するほうがはるかに幸せだと思いながら。

エクササイズ

小さな一歩を踏みだして「私は作家だ」と宣言しよう。一時間とる。喫茶店に行って二通の手紙を書くこと。一通めはあなたの内なる作家があなたに宛てた手紙で、二通めはあなたが内なる作家に宛てた手紙だ。このエクササイズは、恐れや不満を解き放つ。自分を安心させ、計画を立てるのにも役立つ。

内なる作家は何を望んでいるか。詩の朗読会で自作の詩を発表してもらいたいと思っているかもしれない。文法恐怖症で、文法の本を買って熱心に勉強することを約束してもらいたいのかもしれない。

内なる作家へ宛てる手紙は、成熟したあなたの心の一部が内なる作家を励ませることを示す絶好の機会だ。なにより重要なのは、内なる作家が支援を必要としており、私たちはそれらを差しだせるということだ。そして、そうすると内なる作家はそれに応え、幸せに原稿に向かってくれる。

このエクササイズは定期的に繰り返すとよい。行き詰まったと感じたらいつでも、内なる作家に問いかければ理由を教えてくれる。そして理由がわかれば出口を見つけだせるのだ。

26・正直さ

今日の午後、私は郵便で原稿を受け取った。分厚い封筒には本が入っていて、読みだすとぐんぐん引きこまれていった。それは夫婦が交互に書いたラブストーリーだった。実際の夫婦ケニー・ロギンスとジュリアが書いたのだ。彼らの物語はすばらしくロマンチックで、詳細までいきいきと描かれ、私は読みながら「彼らがこの原稿を書いたなんて驚きだわ。赤裸々で勇敢だわ。こんなことまで書くなんて」と思った。

本心が描きだされ、勇敢で率直だった。日記、詩、歌詞も挿入されていた。その本を読んでいると、私の心に大きな疑問が浮かんだ。多くの人々が自分の人生は原稿にするほど重要ではないと思いこんでいるのはなぜか、と。

ケニー・ロギンスは才能ある有名な作詞家だが、この本の出版について「私は三十年作詞をしてきたが、これほど自分を誇りに思ったことはない。この本を書くために生まれたとさえ感じる」と書いている。

私も同感だ。偽りない真実を述べたこの感動的な本を読みながら、私は「これこそが書くことだわ。こういったリスクがあるからこそ、私はこの数年、書くことや読むことに惹きつけられてきたんだわ」と思った。

書くことは正直になることだ。正直なのに退屈だということはほとんどありえない。正直さはリスクが高く困難だが、少なくとも退屈ではない。私は原稿を書いていて行き詰まると、いつも「私は真実をきちんと述べているか。言っていないことや言うのを恐れていることがあるか」と自問する。そして答えが「イエス」のときは、書くうちにわかってくる。真実を述べると脆弱《ぜいじゃく》さや曖昧さはすぐに霧散する。真実を書くと、人間関係で真実を述べるときと同じでコミュニケーションが深まるのだ。

私は今週、とても不快な自分を自覚するはめになった。友人が「本当の芸術家はこういうものだ」と書いたファックスを送ってきたのだ。私は心から憤った。なぜ彼女はずうずうしくも本当の芸術家について私に講義するのか。それに結局、本当の芸術家って何なのか。私は怒りのファックスを返信した。

「私はそういった序列は大嫌いです」

たしかにそのとおりだ。しかし問題は、私が一晩中もやもやした気分で過ごしたことだった。私はあまりにも苛立《いらだ》っていた。そして、その真の原因は、ある人たち、またたぶんその友人は、私を本当の芸術家と思っていないだろうと考えたからだった。私はそれにこだわったのだ。

私は自分を売れている作家と思っていないが、しかし一方で、売れている作家と思われることが私にとってまだ重要なのだと気づいたとき、私は友人に再びファックスを送った。

「さっきは過剰反応してごめんなさい。私は売れゆきに関わらず書くということを学んでいる最中なので、腹を立ててしまいました」

私はさらに、シングルマザーとして生計を立てなければならず、雑事の合間に書かなければばならなかったこと、ＰＴＡに参加しなければならないこと、名の知れた映画の脚本を書く一方、二流紙にも書いていること、などを説明した。

ファックスの文章を書きながら、私は気にしないふりをしていても心のどこかにかっこいい流行作家然としていたい自分がいることを感じた。キャメルを吸い、タイトジーンズとみすぼらしいカウボーイブーツを履いた自分を返上し、母であり、教師であり、祈祷書を書いた作家として、パスポートに「かっこいい」というスタンプを押してもらいたがっている自分がいる。しかも自分ではそのスタンプを押せないでいるのだ。

そんなことを考えるのは心地よくない。そのうえ、育まれつつあった友情に水を差したかもしれない。見栄っ張りな自分を認めるのは、くだらないし気分が悪かった。しかし一方、ありのままの自分を認めたら、もっとらくに書けるようになったのも事実だ（今、私は黒いレースのシャツに黒皮のベスト、黒い絹のパンツをはいている。かっこつけたい自分を、少し満足させているのだ）。

作家は「あなたは嘘偽りのない真実を書くと誓うか」と自問し、患者に対する医者のような正直さを自分に課すべきだ。作家、すなわちあらゆる人々にとって、正直さは癒しである。そして正直だと、まず文章の質が上がる。

また、正直さは長く書き続けるための唯一の方法である。実人生で嘘をつくと疲れ果てて破壊的になるのと同じように、嘘を書いていると書けなくなっていくのだ。書くことが本当に好きなら、恋人に嘘をつくのが難しいように、嘘を書くのは難しい。

隠しごとがあると、書いているうちにそれが明らかになる。私は友人を非難したが、今はそれを居心地悪く感じている。友人は配慮がなかったかもしれないが、私はまるで画鋲《がびょう》の上に座らされたかのように反応した。そして、私の間違いを教えてくれたのは、またも私の文章だったのだ。

書くことに関しては、コンピュータと自費出版の時代がきて、さらに興味深い世界が広がりつつある。作品を広めるのに以前ほど出版社に依存しなくてすむのだ。

地方出版や小出版社が、もっと率直で素朴な作品、つまり専門家好みの原稿より正直な作品に門戸を開けるようになった。何を書くべきかを決める絶対的な批評家が消え、私たちは自分が書きたい本を書ける。そう、ロギンス夫妻が送ってくれた本のように。

ロギンスの手紙にはこうあった。

「これは、日記、ラブレター、詩、歌詞を通して語られた、私たちの愛の物語です。裏口から眺めることで、『意識的な人間関係』がもたらす教訓がわかるでしょう」

私は三十年来の作家だが、誰かが文章の力を最大限発揮することを決意し、大切にしているテーマについて正直に書いた原稿を読むと、今でも興奮する。そういった原稿には迫力があり、真心がこもっていて、感情豊かである。美声でなくても、しわがれ声でないと伝わらない感動もあるのだ。

ロギンス夫妻の著書は『想像を超えた人生』というタイトルだ。それは、彼らいわく「まったく完全なる真実」を語ることに徹している。私はそういう本を読むとわくわくする。「彼らが書けたのだからもっとたくさんの人が書けるはずだ」と考えると、さらにわくわくする。

作家志望者が抱く不安のなかでもっともありふれているのは、オリジナリティーが不充分ではないか、という点だ。彼らは「オリジナリティー」の語源が「オリジン」（源）であることを忘れている。私たちは自分の作品の「オリジン」だ。もしその源、すなわち自分の世界を正確に描き、そこで発見したものを正直に名づけるなら、作品は必ずオリジナルなのだ。ロギンス夫妻の本はこの原則を実証している。私はもっとお上品な本なら読んだことがあるが、これほど読みごたえのある本はめったに出合わないし、重要なのはまさにその点なのだ。『想像を超えた人生』は勇敢な本だ。それは私的な出来事を語ることによって既成概念を超え、人間のありのままの姿を描き、普遍性を獲得している。

芸術家の感情をさらけだす勇気を、私は高く評価している。私は周囲とぶつかるのも波瀾万丈の人生を送るのも平気だが、うわべを取り繕ったり、成金ホテルのまがい物の大理石のように加工されたものを書くことは我慢ならない。

真実を語ることには、いわゆる高尚な芸術作品にみられる技巧を超えて、輝く美しさと明快さがある。

私は最近、魂の成長をテーマにした本を読んだが、ものすごくいやな読後感が残った。表向きはスピリチュアルな本だったが、文章には競争心が潜み、霊的なことを述べるにはふさわしくない、人を見下す視点があった。その本は、霊的な体験を分類し、採点し、比較して優劣をつけるだけで、困難な世界でよりよく生きるためのヒントは何一つなかった。

ロギンス夫妻の著書はどうでもいいことでいっぱいだが、ひらめきを与えてくれた。しかしその本は聖なることでいっぱいだが、私をどうでもいい気分にさせた。真実を述べておらず、信用できなかった。テーマがどれほど高尚でも、文章には空虚感があった。

この種の不協和音や虚偽は、何かを伝えようとするより何かを隠そうとするとき、忍びよってくる。書くことは薄い絹のスカーフに似ていて、感情的な家具を覆っても、その形ははっきり見てとれるのだ。だからこそ、人々は書くのをためらうのではないだろうか。知りたくないからこそ、文章を書いて明らかになることから逃げるのだ。

ノートに向かうと、苦しい真実が扉の向こうに現れ、今いる場所から一歩踏みだすことになる。たしかに真実はいつも心地よいとはかぎらないが、真実は今の人生からもっとよい人生へ歩むための道連れなのだ。

ロギンス夫妻にとって書くことは、あやふやで悲しい人間関係を地に足のついた喜ばしい結婚に導く橋だった。夫も妻も、農夫が信念をもって豊かだが石ころだらけの土壌を耕すように、原稿に向かったのだ。仕事は簡単ではなく時間もかかったが、行う価値はあった。彼らが人生から生みだした本と、彼らがその本から生みだした人生は、彼らが始めたときには彼らの「想像を超え」ていた。

書くようになると、想像を超えた世界が広がって驚愕するかもしれない。ときにはあまりに難しく、気力をくじき、対立を引き起こすように思えるかもしれない。しかし得るものはたしかだ。そしていつの日か、自分に正直に生きた日の言葉だけが必要になり、残りはあとからついてくるのだ。

エクササイズ

私はこのワークを「閃光《せんこう》」と呼んでいる。白紙に黒で書かれた文章は、灰色の世界からの出口を見つける閃光だ。正直に自問し、正直に答えること。書くことそのものを手がかりとして、正しい流れに身を置こう。正直に書いているとき、文章は熱を帯び、私たちはそれを感じられる。真実を前にして怖じ気づき身震いするときは、文章も冷たくなる。そんなとき、私たちは冷たい表面をのぞきこんで、何を掘り起こせるか見る必要がある。こんな質問から始めよう。

・もし正直になれるなら、私は何をするか。
・もしリスクが高くないなら、私は何をするか。
・もし不安がないなら、私は何をするか。
・もしそれほど馬鹿げていないなら、私は何をするか。

答えていくと、「彼を愛している、でも……」といった、本心の葛藤を具体的に知ることができる。行き詰まったときは、言葉のゲームをして心の奥を見つめるのだ。相手を何かに喩《たと》えるのもいい。

例えば、その人はどんな動物・季節・音楽・食べ物に似ているか。

言葉を使って隠された真実を掘り起こし、認めがたい本心を知る方法はたくさんある。

・もしそれほど恐ろしくなければ、私は何を認めるか。
・もし正直になっていいなら、私は何を感じているか。
・もし感じてもいいなら、私は何をするべきか。
・もしその考えを受け入れてもいいなら、私は何をするべきか。
・いずれ準備ができたら、私は何をする必要があるか。

などを自問するのもいい。

優しく刺激すると、もっと正直になれる。そして正直な気持ちがはっきりわかると、行動を起こすのは簡単になる。すべきことを、ただ実行可能な小さなステップに分割すればいいからだ。紙に書きだすことは、そのステップを明らかにし、出口を見つける理想的な方法だ。

27・弱さ

愛する人よ、あなたはとても高くつく
キャビアではなく、手術中のミスのように
麻酔医の過ちのように
手元の狂ったナイフのように……

これは私がかつて昔の恋人に宛てた詩で、彼とつき合っていたために私の身に迫ったリアルな危険を表現している。詩を書くことで私は自分の弱さに気づき、それによって強さを見い出した。

弱さを自覚していると、文章を書くとき、誇張、尊大さ、見栄という罠に落ちこまずにすむ。

弱い自分として書くことは健全だが、恐ろしい感情の渦に巻きこまれるのを感じる人もいる。きちんと書くと自分を縛っている紐を切ることになるので、一時的に気分が悪くなる場合がある。窮屈になったパターンを切り換え、新しい姿に生まれ変わろうとするとき、その曖昧さを奇妙に感じるのだ。私たちには「私はこういう人間で、ああいう人間ではない」という思い込みがあるので、何かがきっかけで新しい自分になるとき、「もしかしたら、私はそういう人間ではないのかも。もっとああいう人間なのかも」と、気弱に自問する。そしてそんなふうに考えるうち、森の中でパンくずの跡をたどっていったヘンゼルとグレーテルのように、猟師に助けられるか魔法使いと出くわすのだ。

書いていると、どんな方向に向かって生きるかが明らかになり、決定できるようになる。ノートと向き合い、何が好きで何が嫌いか、また何を望むのかをはっきりさせるとき、私たちは闇を突き抜けて真実を見透かす。書くことは勇気をもって幸せに生きる方法を教えてくれる。誠実で機知に富む生き方、つまり、弱さを引き受ける生き方を教えてくれる。ノートに向かって想像力の助けを得るなら、私たちは今までよりもっと大きく、もっと統合された自画像を描けるのだ。書くことはそもそも、人間としての成長に関わることだ。人間はいつもよりよい方向に進化を遂げるもので、書くことはそのための基本的な方法の一つである。私たちは、いわばペンと紙の静かな革命のただ中にあるのだ。

ノートと向き合って正直な弱さを探求し表現するほど、私たちは最初は自分に、それから他人にも、人間らしさを認め、思いやりが深くなる。

自分を理解したら、行動が変わるのは時間の問題だ。まず、物事をもっと優しい目で眺められるようになる。もっと思いやりをもって行動できるようになる。自分の弱さを自覚して、他人の弱さに共感できる。尊敬すべき作家ジョアン・ディディオンは、「書くことは『私が、私が、私が』という行為だ」と言った。そのとおりだが、書くことは同時に「彼は、彼女は、それは、彼らは、私たちは」という行為でもある。

書くことによって、私たちは自分の中心に戻り、その中心から周りの世界へ働きかける。書くことによって人々と触れ合うと、深い癒しがもたらされる。書くことの根本には、なによりも触れ合いがあるのだ。

私たちは、何かが心に「触れる」がゆえに書く。私たちは、誰かに「触れたい」ために書く。私たちは聖なるものに「触れる」ために、あるいは聖なるものが私たちに「触れた」がゆえに書く。正直に書こうとするなら、自分が本当はどう感じたかに「触れ」なければならない。そんなとき、私たちはもっと自分と「触れ」合っているのだ。

外科医のような距離をおき、メスのように客観的で冷静に書けたら、らくかもしれない。しかしそれでは心がこもらず、結局、芸術性もないのだ。真の芸術を生みだすには真の正直さが必要であり、弱さを自覚して表現する技術を学ばなければならない。

人々が書きたがらない大きな理由は、弱さが明るみに出るのを恐れるからだ。たしかにそうだが、私からみれば、書くと弱さから自由になれるというのもさらに深い真実である。書くことで自分のための場所が築かれ、そこを足場として立てるからだ。

今週、私は本書のエッセイに「私は恋に舞い上がっている」と書いた。心のどこかで、私は「そんなこと書いて大丈夫？　うまくいかなかったら間抜けだわ」と気を揉んでいる。それは批評を気にしながら書くのと同じ心の動きだ。そんなとき、私は作曲家ビリー・メイの言葉を思いだす。

「私たちはみんな百頭の馬という創造力をもっている。もし三十頭が批評を気にし、もう三十頭が弱さをさらけだすことを気にしていたら、四十頭しか働かせられない」

ポイントは、馬たちをいつも走らせることにある。つまり、書くときはただ書くこと。心配したり、いらいらしたり、批評を気にしたりしないこと。それが、弱さをさらけだす意識的な練習であり、選択である。簡単にできる人などいない。しかし逆説的に、そこにこそ私たちの力が潜んでいるのだ。

自己表現するには表現すべき自己が必要である。そして、書いているうちに自分の弱さが掘り起こされたら、それこそがその表現すべき自己なのだ。弱さは私たちに、自分を乗り越え、心を入れ替え、モノの見方を変えることを要求する。弱さとは正直さ、恥ずかしがりやの妹で、偉大な芸術を生みだす私たちの一部なのだ。

エクササイズ

あなたはもう魂の深みから書けるようになっているだろう。より深い夢と欲求が明らかになり、今の暮らしに足りないところが浮き彫りになっているはずだ。「想像を超えた人生」を想像しよう。あなたにとって真に幸せな人生とはどういうものか。もっと深い夢を自覚し想像するには、勇気と弱さが必要だ。皮肉にも、より深い夢のビジョンをはっきり描くにつれ、夢は実現に向けて活発に動きだす。

一人で書く時間をとり、ノートを開いて、理想的な一日を描写しよう。あなたは何時に起き、どこで誰と暮らしているか。誰と仕事をしているか。趣味、ペット、好きなことは何か。

思う存分夢を描こう。自分をびっくりさせよう。理想の人生は今の人生より少し背伸びしたものかもしれない。あるいはまるで異なっていて、そろそろ変化を起こす時期であることを教えてくれるかもしれない。

書き終えたら、あなたが今の人生で大切にしているものを二五個リストにしよう。

28・日常性

今日は明るくて気持ちのいい一日だ。太陽は六時前から山々をくっきりと照らし、野原一面に穏やかな光が射している。季節は春から夏へ変わりつつある。日の出が早くなり、日の入りは遅くなっている。ライラックの花は散りかけ、野ばらの季節がやってきた。私は馬たちを一日一時間連れだし、私がもっと注意深かったら芝生になっていたはずの草を食べさせる。

季節が春と夏の間であるように、私は過去と未来のはざまにいる。ちょうど中編小説を書き上げ、創造性開発講座一コースとレコーディングをすませたところだ。数週間後、私のミュージカル『アヴァロン』のリハーサルが始まる。今、私は書くことによって日々を組み立て、書くことをジャングルの深淵をつなぐロープのように感じている。私自身が深淵であり、ジャングルなのだ。

私は毎日仕事をしている。目を覚ますと書き、既に行って馬たちに秣《まぐさ》を投げてやる。毎日決まった時間にエサをやらないと馬たちは落ち着かなくなる。創造力という私の馬もまったく同じだ。彼らにも時間どおりにエサをやらなければならず、それが私が朝いちばんに書く理由なのだ。

私にとって書くことに「待った」はない。ふさわしい時間やふさわしい気分を待たずに、ただ書くのだ。

しかしそのため、ちょうど今のように書くのに苦労する場合もある。ちょうど運動のようだ。体が動きを欲し楽しんで運動する日もあるが、体が抵抗し一歩一歩が挑戦になる日もある。はじめはひどくいやでも、動きだせば楽しくなるときもある。

書くことは動く行為だ。前向きに取り組むことであり、自分の問題にこだわらず、なるべきものになることだ。書くことはボートであると同時に、それを動かす風だ。インスピレーションの風が凪《な》いでいるようなときでも、前に進むかすかな動きはつねに存在する。たとえおぼつかない足取りでも、進歩こそが書くことの本質だ。書くことは魂の錬金術なのだ。私たちは人生の恵みをすべて受けとり、それから何かを創り上げる。あっさりしたスープだったり、デラックスなごちそうだったり、とことんしゃぶらなければならない骨かもしれない。けれど、それはいつも必ず消化できるのだ。

毎日ただ書くことは、ストーブの上にスープを常備しておくのに似ている。いつでも味わえるし具を加えることもでき、滋養があって香り高く、生命をつないでくれる。凝ったものである必要はない。正直さ、観察、想像の三つがブイヨンで、他のものはあとから加える。

私の魂は、今、変化を遂げようとしている。長年重要だった恋人との関係は、人生の中心から消えた。急にぽっかり穴が空き、新しい始まりを迎えようとしている。私はわくわくすると同時に悲しんでいる。今日私が作るスープは甘酸っぱい。

書斎の窓の外では、明るく穏やかな光が一面に射している。鳥たちはさえずり続け、「私に気づいて。帰ってきたよ」と言っている。光や春の鳥は、反省と新生の時がやってきたことを告げている。それが私が今日作っているブイヨンだ。野原の向こうで、黒い見慣れない犬がなにかに向かって意気揚々と歩いている。彼の鼻はなにかいいものが遠くにあることを知らせたのだ。

私はそんな犬ではない。私は慎重で、相手を見きわめてから尻尾を振る。この冬は長く、蓄えで切り抜けるのは大変だった。それでも、しぶしぶながら正直に言うなら、もう春がきたのだし、いつまでも悲観しているのはわがままだと認めざるをえない。人生は結局生きることであり、豊かさであり、驚嘆なのだ。

想像してみよう。私は何をしたら楽しいだろうか。慣れ親しんだものの数々に別れを告げ、窓の外の花々がいずれ果実を結ぶのを認めたら、何かが始まるのだろうか。

「何かが始まるのだろうか」これは、日々書いているといつも浮かぶ疑問だ。観察し、正直でいれば、自分がどこにいて何を感じているかがわかってくる。日々書くということは、今いる部屋であるとともにそれを超えた世界へ続く扉だ。一つずつ言葉を重ね、体験という部屋を歩きながら、あなたは扉にたどり着く。そして、たとえそのときは囚人であっても、心でドアを開けることはできるのだ。蝶番《ちょうつがい》が軋《きし》む音を立てることも、ドアが安堵のため息をつくこともあるだろう。開いたドアから眩しい光が射しこんで、あわててバタンと閉めることもあるだろう。書いていると鏡がかかげられ、調和がもたらされ、友情のこもった手が差しのべられる。書いていると、あなたの今いる場所には意味があると同時に、他の場所への出発点でもあることがわかるのだ。

その意味で、書くことは人生を愛《いと》おしむ瞑想的な行為だ。書くことによって、私たちは本当の自分自身とつながる。自分が何を考え何を見て何を聞いているか、正確な証人として書きとめるうち、私たちはそれ以上に大きな何かの証人になっている自分に気づく。そう、私たちは人生そのものの証人になるのだ。

ともかく繰り返し練習することだ。

自転車に乗るときは、自転車に乗ることそのものがその方法をあなたに教えてくれる。歩くときは、歩くことそのものがあなたにその方法を教えてくれる。パンを焼いたり詩を書くのも、それと同じだ。あなたがしていることそのものが、あなたに教えてくれる。あなたの願いを叶え、助け、美しく飾り、あなたとともに働くのだ。

何度も練習していると、書くことはあらゆる意味で手軽になる。簡単で時間もかからない。

誰もが書ける。特別な食事療法も、部屋も、靴も、特別な時間さえ必要ない。必要なのはただノートに向かうことだけだ。

ノートに向かうと成長が促される。創造力を高めるには内なる子どもを育てることが大切だという話はよく聞くが、じつは内なる大人が参加し、理解する必要もあるのだ。ノートに向かおうとする意志は、音楽に向かう意志でもある。その音楽は、心を揺らすワルツのときもあるし、現代的で不調和音のときもある。どんな音楽にせよ、私たちはその日その音楽に合わせて踊るのだ。心がざわついて聞こえなかったとしても、その日を貫くリズムがあって、それは滅茶苦茶だったり、規則的だったり、とぎれがちだったり、心を和ませたり、耳障りだったり、調子よかったりするのだ。日々の音楽に意識的に耳を傾けると、現実と調和して生きることができる。

人生の現実は、毎日毎日を生き抜くことで築かれる。人生は交響曲と同じで、無数の小さな音符から構成されている。そして気づきこそが、人生という交響曲の音符なのだ。

書くことは、自分が弾いている音符を書きとめることだ。自分の歌を歌いながら自分で聞くのだ。激動の日々も私たちは楽器になりうる。しかも演奏家だけでなく、指揮者や作曲家にもなれるのだ。

タオスバレーに春がやってきた。セイクレッド・マウンテンは香《かぐわ》しい雲をまとっている。

ライラックが生い茂っている。ヤマヨモギはエレベーターで出くわした上流婦人のように、夜風に芳しい香りを放っている。私の住んでいる場所では官能性から逃れる術がない。春は夏に変わる。夏が燃えつきると秋になる。セージは乾燥し銀色になる。そして再び冬がやってくるのだ。

書くことはどんな場合もすばらしい。ただ、さまざまに異なる形や色の幸福があるだけだ。理想を思い描き、もっと確実で長続きのする喜びを求めて書くうち、今までとは違う見方をするチャンスを得ることができる。

書斎の窓からは、二羽の優美なフィンチがエサ場でついばんでいるのが見える。朝の晴れた空は銀色の雲に覆われてきた。馬は牧草地の北側のフェンスを壊すのに忙しく、中庭の壁沿いの野ばらは金色と茜色のつぼみを開きつつある。わが家はさまざまな鳥の賑やかなさえずりに囲まれている。宅急便のトラックがちょうど外で止まった。

このように細々したことを書くことによって、私は光に照らされている自分を大切にしている。書くことは、あたりまえな日常にひそむ絶対的な美に目を開く行為なのだ。

エクササイズ

これから毎日一週間、眠る前の十分間、静かに一日を振り返って数行簡単に書いてみよう。

例えば、「今日は生産的だったが、きつかった。鬱《うつ》に立ち向かったことに満足している。マイケルとの友情がどうなるか不安だ。あのプロジェクトはもっといいやり方があるのではないか」など。

書いたものを読んで質問を一つ選び、ノートに書く。例えば、「マイケルの件はどうしたらいいだろう」とか「あのプロジェクトではなにができるだろう」など。そして自分の無意識に問いかけながら眠りにつく。すると、翌朝モーニングページを書くうち、ふと答えがひらめくかもしれない。

どんな小さな肯定的な変化もリストに書きだすこと。「散歩に行った。妹に電話をかけ直してもらった。仕事のミーティングはうまくいっている」などだ。モーニングページはその日のペースをつくりだすのに役立つが、イブニングノートは私たちが日々受けとる恵みを愛おしむのに役立つ。

29・声

批評家は、文章に「声」が宿っているかどうかに注目する。実際は、誰もがそれぞれ声をもっているように、あらゆる人の文章に独自の声が宿っている。声を発展させようとしてやきもきする必要はない。むしろ、本当の自分の声を発見してそれを曇らせている覆いをとることのほうが大切だ。

書くためには独自の声が必要だと思ったとたん、書くことは生まれながらの権利ではなく曖昧で困難な技術になってしまう。しかし、言うべきことを脇に置いて声に焦点を当てるのは、馬の前に荷車を置くようなものだ。表現したいものの中に入りこめば、それを表現するのにふさわしい方法は直観的にわかるのだ。

ここで、生まれながらに授かっている肉体的な声について少し考えてみよう。声は呼吸という基礎のうえに成り立っている。声楽の教師が声の幅を広げようとするとき、基本はまず規則的な腹式呼吸だ。文章に宿る声の幅を広げるときも、最良のトレーニングは毎日規則正しく腹の底から書くことだ。私は毎朝約二十分モーニングページを書いて、自分の感情、生活環境、行動、反応を計測している。

私はここ二十年、創造性を開発する方法や文章を書く方法を教えている。いずれの場合も、私は受講生に毎日規則正しく腹の底から書くように言う。それが作家としてのブレスワークであり、すべてはその基礎のうえに築かれる。「モーニングページじゃなくて小説を書きたいんです」という受講生には、「一定のペースでらくらくと書けるようになれば、小説も一定のペースでらくらくと書けるわ」と答える。

私はここ数年、作曲家ティム・ウィーターと仕事をしてきた。私はウィーターから歌を習い始め、彼は私に純音で歌うことを教えた。つまり、一つひとつの母音や一音節に相当する音を練習してから、それらの音すべてをつなげるのだ。この方法は「トーニング」(toning)と呼ばれている。

「トーニングがうまくできれば、歌もうまくなるんだ。歌うことは、ただトーニングを少し複雑にしたものなんだよ」

書くことについても同じことがいえる。毎日規則正しく腹の底から書いていると、どんなジャンルでも満ち足りた美しい声を出せるようになるのだ。

「でも、私独自の声を出すにはどうしたらいいんですか」

と不安がる受講生に、私は答える。

「あなたは充分オリジナルよ。あなたがあなたの仕事のオリジン(源)なのだから」

自分の体験という井戸から水を引き、自分が感じたことを探りだすと、つぎつぎと作品が生まれる。体から書くことで、濃厚(full-bodied)な声が生まれるのだ。頭でなく腹の底から書くと、歌手が腹式呼吸をしているときと同じ響きを獲得できる。

では、「腹の底から書く」とはどういう意味か。それは、通常の理性の回路を飛び越えて書くことだ。どう感じるかを頭で考えずに、ともかく耳を傾けなくてはならない。腹の底から書くには、内なる検閲官を黙らせる必要がある。

内なる検閲官は、やかまし屋の親戚やパーティーで場を白けさせる人に似ている。その点モーニングページはただ毎朝三ページ書くだけで、何をどんなふうに書いてもいいので、検閲官を無視して仕事を続ける訓練になる。

腹の底から書くには他にもいくつかコツがある。

例えば、「私が本当に書きたいことは……」「私が書くのを恐れていることは……」「書いたら本当に楽しいだろうことは……」といった文章を、二十通り書いてみるのも役立つだろう。

誰もがみな腹の底から書いたことがある。親しい人に手紙を書くとき、私たちは素直にまっすぐ書けるものだ。しかし、あまり好意的でない目を意識し、検閲しながら書くときに、小さなひっかかりやねじれが出てくるのだ。つまり、自分の声を発見するには安全な場所を見つける必要があるということだ。

自分が述べることに意識を集中すれば、何をどう書くべきかはおのずから明らかになる。しかし、書くことに対して構えすぎ、自意識過剰になって刈りこみすぎると、文章に宿る声だけでなく魂までも苦しめてしまう。詩人で神秘主義者のルーミーは「あなたの賢明さを売って困惑を買いなさい」とアドバイスしている。

私が駆けだしの作家だった頃、『プレイボーイ』編集者アーサー・クレッチマーは、書くことに関して最良のアドバイスをくれた。

「一般読者に向けて書かなきゃなんて、悩むんじゃないよ。一般読者なんていないんだ。理想的な読者、つまりきみの言うことすべてを理解する読者に向かって書くんだ」


今朝、私は幸せでわくわくしている。エサ台に、すてきな鳥がたくさん集まってきたのだ。わが家は鳥の声に囲まれている。去年散ってしまったライラックのかわりに野ばらが豪華に咲き誇っている。この本を書いていると苦労と喜びが交互にやってくるが、それはじつは書くことすべてに当てはまる。

独自の声はつくり上げるものではなく、発見するものだ。そして、私たちが本当にすべきことは、私たちを通って流れ出ようとしている声を、そのまま外に出すことなのだ。そんな空っぽの器になるには、作品の見栄えを気にしてはならない。これは役者が抱える課題と共通する。もし役者が演技しながらあれこれ考えていたら、彼を通して動こうとしているその瞬間の生命を表現できない。同じように作家も、あれこれ考えて時間を費やし人からどう見られるかを気にしていたら、文章がもっと深みまで進もうとしていても表面的なレベルでひっかかってしまう。それはちょうど、高尚な映画に欲求不満を感じることが多いのと似ている。コンセプトが表現の微妙な味わいを圧倒してしまうのだ。

書くこと、演技すること、歌うこと、踊ること。どんな芸術においても、コントロールしようとするのではなく芸術自らがもつコントロール力にまかせるとき、はじめて完璧さが生まれる。ダンサーなら「私を通してダンスが踊る」と言うだろうし、画家は「絵が私を通して描きだす」と言うだろう。矛盾するが、自分を通して流れだす芸術をコントロールする努力を重ねると、やがて芸術に自分をコントロールさせられるようになるのだ。

日々芸術に取り組んでいると、私たちを通して生まれ出たがっている芸術を支える筋肉と体力がつく。ダンサーが足がふらつかないよう訓練するように、作家はふらつかずに耳を澄ませる訓練をするのだ。

文章に宿る声は、さまざまなコツの寄せ集めではない。書く声は、コミュニケーションのための道具だ。声の個性は、自分の才気に惚れこむのではなく、それにとらわれないときに生まれる。

過剰な賢さは、書くときの邪魔になる。自分の声に惚れこむ作家は、池に映った自分の姿に恋をして身を乗りだすナルシスのようだ。自分にばかり向かう思考と声は淀《よど》み、退廃的である。陶酔しすぎている文章は私たちを心から切り離す。

アメリカ先住民のラコタ族は、人はみなライフソングをもっていると信じている。私も何年も教えてきた体験から、それを信じる。言うべきことなどなにもないと思いながら書き始めた人たちが、書き続けるうち、彼らにも書くべき言葉があり、それを世界が待っていることに気づくのだ。

私が受講生を教えてきた体験からいうと、書く声を発見するのに遅すぎることはけっしてない。受講生の中には、五十代半ばで書き始めて戯曲のコンテストや詩のフェスティバルで賞を取った人もいる。七十歳でペンをとった人が小説を出版している。ただ一つ、自信だけが欠けているために自分の声に気づけない人があまりに多いのだ。

私はこんな手紙をもらった。

「親愛なるジュリア、あなたは私に書くよう説得してくれました。私は馬鹿げていると思いつつ、ともかく書きました。そして同封したのが、出版されたばかりの私の書いた児童書です」

誰も聞いてくれなかったため自分に書く声があることに気づかない人もいる。しかし自分で自分に耳を澄ませ始めると、内なる声は大きくなり、ほどなく他人にも聞こえるようになる。すると支援の輪が広がりはじめるのだ。

エクササイズ

体調を崩すと声が出なくなることがある。実際は声は消えてしまったのではなく、一時的に出ないだけだ。同じように心理的に調子を崩すと、「内なる声」が出なくなるときがある。

あなたの生育暦をたどって、感情を揺り動かすエピソードについて書き、内なる声を取り戻そう。

人生経験（cup）という言葉は灰吹皿《はいふきざら》（cupel）に由来する。灰吹皿は金鉱採掘場で砂から砂金をより分けるための道具だが、作家が人生経験を書くことも金をより分けることだ。感情を揺り動かされる体験について書くとき、文章には自動的に声が宿る。書くテーマとしてふさわしい人生経験は、例えば「家族の昔の秘密」「大好きな親戚」「臨死体験」「私の最大の失敗」「私の最大の成功」「両親の結婚生活」「私の親友」「最大の危機」「最悪の裏切り」などがある。

体験記は原則として数ページから一〇ページのタイプ原稿にする。書いていくうち、素材そのものの中にまとまった形や長さがあることを実感するだろう。短く濃密な体験があとでより大きな作品の種になることもよくある。

体験記を書き上げたら、「親切な読者」に読んでもらうのもいい。親切な読者とは、書くことが好きな人で、空論を振りかざす批評家ではなく、読むという純粋な喜びのために読める人を指す。親切な読者に、どこがよく書けているか肯定的なフィードバックをくれるよう頼むといい。そうすることで、文章の欠点を気に病むのではなく長所を踏まえて進むことを学べるだろう。
最後に一言。批判的な読者や行き詰まっている作家や、そのテーマに感情的になる人たちには、体験記を読ませないこと。読んでもらう目的は支援を得ることであり、その反対ではない。

30・生まれ出る形

草稿を書くのは四〇年代のラジオ放送を聞く感じと似ている。何回かに分けて書くのだが、書き始めるときはラジオのようにスイッチをカチッと入れ、書き終えたらオフにするのだ。スイッチを入れればすぐラジオがつくように、翌日続きを書くことができる。

私は才気あふれる文章を書こうともがくのはやめ、注意深く耳を澄ませる。文章の流れに耳を澄ませ、聞こえたものを書きとめる。そんなふうに書いていくと、推敲のとき、ほんの少しのずれはあっても、大切な要素はすべて表現できていることが多い。段落を少し並べ替えるだけですむこともよくある。最初から要点すべてをきちんと書こうとするより、よほど簡単だ。リライトは、ハンドルをわざわざ握り直すというより、あるべきものをあるべき場所に置き直すという問題になる。

草稿が線路を引くことだとしたら、書き直しは手押し車を押しながら線路をチェックし、どの接合部が欠けているかを確認する作業になる。読者で満員の機関車がくる前に、問題が起きそうな場所を探して直すのだ。このように考えると、書くことと推敲は、別々だが必然のプロセスということになる。

私は今、ロックバンド「U2」のコンサートのサウンドブースで書いている。ABC放送のスタッフがコンサートを撮影しており、ステージはサッカー場ほども遠くにある。すぐ近くでビデオデッキとテープデッキがブンブン回っている。壁にはモニターやミキシングのスイッチがあり、規定のブルージーンズに黒いTシャツを着た音響スタッフが大勢、音と映像を合わせるカウントダウンに入っている。

これはポップカルチャーの実況放送だ。会場の空気は電撃的で、エネルギーと熱狂に満ちている。大勢のスタッフが持ち場で踊っているが、私は喧噪のなか静かに座って原稿を書いている。耳を澄ますことは、見聞きしている世界を正確に記すことでもあるのだ。

私がこのエッセイを、私を通って言葉を流れださせる方法ではなく自分の力で書こうとするなら、ロックコンサート会場ではとうてい書けないはずだ。しかしこのコンサートは、書くことについて学ばせてくれる。私が好きな文章、すなわち活気があり汗にまみれ検閲されていない文章と、ロックコンサートは大いに共通点があるのだ。生演奏が純粋なのと同じように、草稿を書き上げる荒々しさには魔力がある。もちろん、スタジオでの仕事が大切なのと同じように、推敲も結構だ。しかし、綱渡り的な生演奏は、ハートや腹の底から書くのが綱渡りであるのと同じように、エネルギー、情熱、衝動にあふれている。誰もがビートを感じる点でロックが民主主義的であるように、過度に編集されていない言葉には前に突き進む力がある。企画書を超えて生まれ出る形を大切にするとき、つまり文章の生命力が実在することを信じるとき、生きる喜びが腹の底からこみ上げる。

じつは、原稿の内部には、すでに形や構成が宿っている。私たちの仕事はそれを発見することであり、外から当てはめることではない。何を書くべきか知っているのは、文章そのものなのだ。

書かれるべきことを知っているのは文章だ。私にとって、それは信念や理論ではなく、長い間たくさん書くうちに身にしみて体験してきたことである。私は作品の内なる叡智を繰り返し経験してきただけではない。それを信じられず、作品が賢明にも展開していた有機的な形を変えようと頭で考え、作品と戦って時間とエネルギーを無駄にした経験もある。原稿はあなたの子ども同然だ。妊娠中にストレスをかけると子どもにダメージを与えるように、原稿も私たちが不自然な方向に力を入れないことを望んでいる。

サウンドブースにいるとこんな会話が聞こえてきた。デイビッドが舞台のテープを構成し直して、ステージの一部を丸ごと消去したのだ。「だって計画と違うじゃないですか」とエディターは抗議したが、デイビッドは「これでいいんだ」と断言した。

ショーは計画どおりには進まない。ショーにはそれ独自の有機的な計画があるので、企画書ではいいと感じたことが実際はうまくいかないこともあるのだ。

「撮影しておけ、カットはいつでもできる」というのは映画製作の基本だ。フィルムを回すのは草稿という線路を引く作業と同じなのだ。

「書け、推敲はいつでもできる」これは私が体験から得た書くときの基本だ。それが始まりの扉なのだ。ただ純粋に線路を引くことは喜ばしい。生演奏で本物だからだ。そしてその後は、編集作業だ。何を選択するか識別する作業にも喜びがある。映画製作の場合と同じように、二つのプロセスを分けると、どちらも純粋で楽しくなる。下書きと編集はともに働く。それこそが「コンサート」(concert＝協調)なのだ。

エクササイズ

最初から完璧に書きたいという願望は、書けなくなる大きな原因だ。書いていて行き詰まるのを恐れるのだが、まさにそのために私たちは書けなくなる。もっと肩の力を抜くこと。書くことによって自分の中に変化が起きるのを許すのだ。

どういう場合なら書けるか、五件リストにしよう。

例えば、1・父に手紙を書ける　2・新規プロジェクトのメモを書ける　3・大学時代のルームメイトに手紙を書ける　4・ある懸案事項について国会議員に手紙を書ける　5・ある体験について書ける、など。

その中から一つ選び、実際に書き始めること。充分な時間をとり、ざっと書き上げよう。体を意識し、書くときの手の感覚を味わうこと。あなたを通して作品が形となってくる感覚を楽しもう。

書き終えたら、どれほど自由に書けたか考えてみよう。誰かに郵送したりタイプで打つのもいい。誰かに発表するのもいい。

31・編集者

ある女性作家から電話がかかってきた。

「私、困り切っているのよ。ずっと前から取り組んでいる原稿があるんだけど、原稿に向かえないの。どう書いても編集者が満足してくれないの。銃を突きつけられでもしなければ、書けないわ」

「ぎりぎりまでがんばったのなら、他の編集者を探せば？」

「無理だわ。だって義理を欠くような気がするもの」

「義理を立てなければならないのは、まずあなた自身とあなたの仕事にでしょ」

「……そうね、考えてみるわ」

たしかに私たちはどう読まれるかを考えずに書かなければならない場合も多い。原稿を読むのは自分だけというふりをしなければならないときもある。原稿が没になってお蔵入りになる前、せめて一人には読んでもらうため、親切な読者のリストを見直さなくてはならないかもしれない。しかし、書く気が起きないという状況は、他の編集者を探す時期がきたことを意味する場合もあるのだ。

キャロリンは才能ある多作の雑誌記者で、ここ二年というもの、本人も有名女性誌の担当編集者もその記事に満足していた。しかし担当編集者が雑誌社を去り、別の編集者が配属されたとき、状況は一変した。新しい編集者は、じつは書きたくても書けない作家で、本人も意識しないうちにキャロリンに競争心を抱いた。しかも、彼女はキャロリンの記事にはいちいち朱筆を入れるべきだと考えており、心を開いて原稿を読むどころか、原稿をまるで見えない的を撃とうとしてはずした矢のように見なした。

「何が起きているのか私には長い間わからなかったわ。『彼女も作家だもの、わかるはず』って考えていたの。『彼女は行き詰まった作家で、私が署名記事を書いていることを妬んでいる』なんて思いもしなかったわ」

と、キャロリンは私に言った。

編集者が彼女に競争心を燃やしていることを示唆したのは、セラピストだった。キャロリンは驚いたが、その分析は当たっていると直観した。

「私は二つの計画を同時に実行に移したわ。まずその編集者のもとで書き続ける道を探り、同時にもっと仕事をしやすい編集者を探したのよ」

競争心のある編集者と仕事を続けるには、キャロリンは自己防衛的な完全主義を捨てなければならなかった。何を書いても必ず書き直されることを承知したうえで、ただ書かなければならなかったのだ。しかし、彼女はいったん腹を括るともっとらくに書けるようになり、書き直しを彼女と編集者の創造的な共同作業と見なすようになった。

そんなある日、キャロリンは最良の記事をコピーして手紙をつけ、彼女の専門分野の雑誌編集者たちに送った。すると驚いたことに、あっという間に反応があったのだ。

「私たちはずっと前からあなたのような人に書いてもらえたらと話し合っていました」

ある編集者は彼女に電話でそう言った。

キャロリンは前の雑誌をやめて背水の陣をひくことなしに、さらに二誌から仕事を依頼されたのだ。彼女はこの試練を、心を開く実験であると同時に、惰性を打ち破る実験でもあったと考えている。

「新しい編集者のうち一人は本当に気が合ったけれど、もう一人は前の担当編集者よりさらにひどかったわ。でも、私はそれを専門分野での実情調査ととらえ、自分を被害者と思わなくてすんだの」

仕事での悩みが刺激になって、彼女は基本的な事実に気づいた。つまり、出版社は出版するために作家が必要なのだ。意欲的な作家がいなければ、出版社は仕事にならない。出版社が作家など不要だというふりをしても、実際は私たちを必要としているのだ。出版社が作家に「他にいくらでも人はいるんですよ」とほのめかすとき、私たちだって「他にいくらでも出版社はある」のだ。

先日電話で話した友人から再び電話がかかってきた。

「あなたが正しかったわ。私は他の編集者を探すべきね」

「どうして決心できたの」

「あまりに苦しかったから。もう書いてやるものかとか、本当は別の人に向けて書いているとか、やる気がないわけじゃないとか、無理に自分に言い聞かせてきた。でも本当のところ、殺してやりたいくらい腹が立っていたの」

「まあ、殺してやりたいほどの怒りのほうが、自殺的な鬱よりましだわね」

「私もそう思う。それに、まず自分に誠実であるべきだって言ったあなたは正しいわ」

神は一つの扉を閉めるとき必ず別の扉を開けてくれるというのは、霊的な真実だ。そのとおりだとしても、扉と扉の間の廊下はひどく大変だ、という冗談もある。それはさておき、たいていの場合、行き詰まって書けなくなる原因は、すでに過去になった状況にしがみついていることだったり、本当は踏みださなければならない一歩を恐れていることだったりする。

ノンフィクション作家のカーターは、自分が専門分野という狭い世界に閉じこもっていると感じた。しかし、編集者は彼が書き慣れた分野以外の記事を書くのを認めなかったし、彼自身もいちかばちか書いてみることには躊躇した。そして「僕はもっと書けるのに」と自分に言い続け、正当に評価されていないと感じながら、憤慨と憂鬱で追いつめられていった。

そんな彼を見て、とうとう彼の妻が諭《さと》した。

「私があなたと結婚したのは、あなたが作家として自分の作品を誇りに思い、私もあなたの作品が大好きだったからよ。今、あなたは自分の仕事を憎んでいるわ。あなたは収入になろうがなるまいが、初心に還って自分が書きたいことを書くべきだわ。少なくともそうすれば自分を尊敬できるでしょ」

カーターは妻にうながされて前に進み、興味のあった分野に賭けた。

「書きたかったことについて書き始めたら、また自分は本当の作家だと感じられるようになった。しかも皮肉なことに、専門以外の記事は書かせてくれなかった編集者が、ともかく書いてみた記事を買ってくれたんだ。自分と真剣に向き合えば他人を流れに巻きこめるんだね。僕たちは世界にそう証明しなければならないんだって、ときどき思うよ。

僕はスキーヤーに似ているんだ。僕は作家として、ときにはただ爽快に長い距離を滑降しなければならない。編集者や出版社を気にせずに書く必要があるんだ。ただ書く喜びのために書くってことだね」

作家という職業を選んだなら、私たちはしばしば潔く初心に還り、書くという純粋な喜びを取り戻さなければならない。それがカーターいわく、「自分と真剣に向き合う」ことなのだ。

エクササイズ

新しい一歩を踏みだすのは誰でも不安だ。そんなとき、スピリチュアルに支えられていると感じられれば、リスクを受けとる勇気が出てくる。あなたにとって聖なる場所、例えば教会、図書館、自然豊かな場所などに行き、以下の質問に答えよう。

1. 自分に何を許したらもっとらくに書けるようになるか。五つリストにしよう。
2. あなたは何に挑戦したら心地よく書けるようになるだろうか。五つリストにしよう。

書き終わったら、五分間答えを心に刻もう。次に、今まで書くときに役立ってきた五つの方法を思いだそう。あなたは何をしたり何を得ることによって、書けるようになってきたか。

32・修行

私はパークアベニュー沿いのしゃれたエスプレッソ・ショップで書いている。外は晴れて暑い六月の日差しが照りつけている。大通りはうるさく、ラッシュアワーにいらいらした人たちで混雑しているが、エスプレッソ・ショップは涼しく暗い洞窟だ。

私はどこにいても、どんなときでも、書く。ノートの上に手を置き、自分の思いを吟味する。私はバランスがとれているか。過剰反応していないか。幸せか。悲しんでいるか。ノートの上を動く手は、私の心の天気を教えてくれる。私がどんな気分で、どんな進歩をとげ、どんなときに浮き足だったか、軌跡がわかるのだ。具体的に見つめ、因果関係や見通しを明らかにし、地に足をつかせてくれる。

エスプレッソ・ショップが街の隠れ家であるように、ノートは心にとっての涼しい洞窟で、人生について瞑想すると同時に、それを味わう場所でもある。仏教用語で言うなら、書くことは「修行」なのだ。

そう、修行そのものだ。書くことは繰り返し行われるべきことだし、繰り返すことによって上達するが、完璧に行う必要はない。

あなたという作家は霊的な楽器である。もしずっと書き続けるなら、あなたはもっと調律され、さらに流暢で表現豊かになる。そして音はさらに響きを増し、生気に満ちるのだ。

書くことは象牙の塔にこもることと考えられがちだが、事実は正反対で、書いていると塔の外に広がる人生への興味が増すものだ。芸術家は自己という牢獄に閉じこめられた囚人ではない。芸術家は芸術によって自由になる。芸術は、もっと大きく活力に満ちた自分へ続く扉なのだ。芸術に取り組み続けることは、自己と世界をつなぐ橋を架けることでもある。

私は結婚した友人のダニエルとルシンダを思いだす。二人とも役者であり作家で、いつも生きる情熱を保ち、その瞬間の流れに全身全霊を傾けようとしている。書くことは、私の考えでは、自分自身とそのような親密な関係を結ぶことだ。それは自制心というより、自分との真剣な関わり合いを必要とするのだ。

私は三十年間フルタイムで書いてきた。「彼女は仕事と結婚した」と言う人がいるのは百も承知だが、私の実感は違う。私にとって書くことは、いつでも別れられるが楽しむこともできる恋愛だ。とても親密で日常的だ。くる年もくる年も続くが、ロマンチックで自由だ。そして、魅惑的な男性と込み入った話をするときのように情熱的だ。

すばらしい会話には、必ず緊張や興奮のひらめきが含まれている。書くことが人生との対話だとしたら、神経を集中し、驚かされることを予期しなければならない。作家には、不安という内なる世界だけでなく、外の世界を見つめる開かれた目が必要なのだ。

書くことは修行に値する。書くことは、正しいパートナーとのセックスのようにより偉大な神秘への扉であり、自分より偉大な何かに触れる方法なのだ。書くことは人生を慈しむ行為で、愛の行動だ。あらゆる偉大な愛がそうであるように、書くことは具体的で、概念的ではない。よく書きたいなら、具体的になる修行が必要なのだ。

ラッシュアワーはまばらになってきた。夕方の散歩に出てきた人たちが仕事先から帰る人たちに混じっている。ペットを飼っている人たちは帰宅後、日課の散歩を始めた。彼らからは愛情と献身が伝わってくる。犬と飼い主の絆のなかに、そして早めの食事や映画に出かける恋人たちが仲睦まじくつなぐ手のなかに、愛というこのいつもとらえどころなく変わりやすい何かが感じられる。アスファルトの足元に優しさがある。夕刻になって日差しは和らいできた。美しい夜だ。

カウンターの後ろではウエートレスがカプチーノを泡立て、小さなケーキの皿を並べている。彼女は黒い巻き毛で白いブラウスを着ており、豊満な体をしている。彼女は雑誌に登場する魅惑的な花嫁のような、典型的な女性の姿をしている。

奥の隅では少女のような髪型をした年配の女性がアイスコーヒーをすすり、ホームメイドのピザを一切れほおばりながら、昼から夕方への移り変わりを見つめている。ちょうど『ゴッドファーザー』のテーマ曲が流れてきた。店主のシーザーは新しい得意客にスイカソーダを振舞っている。年配の女性が斑《まだら》のある小さな犬を連れて入ってきた。

近くで観察していると、すべての人生が興味深くドラマに満ちている。書く修行はそれを教えてくれるのだ。近くで観察すると、ささやかな瞬間に大きなインパクトがあるのがわかる。ピアノの練習で音階が変わるときの小さな変奏のようだ。ずっと意識を集中していると、目も耳のように微妙な違いをとらえられるようになる。大騒ぎで惨事を伝える白黒の見出しより、もっと陰影に富む感情的なパレットを得ることができるのだ。

書き続けるという修行は、細かな点を見逃さないことであり喜びを見過ごさないことだ。きれいなウエートレスが新しい水を注いでいる。シーザーはエスプレッソマシンで大きな音をたてている。大きな銀色のマシンが蒸気を立てて泡を作るのと同じように、『ゴッドファーザー』のメロディーが芳しく、高まっては引いている。夕闇が深まっている。

私がこのエッセイで描写したことは、すべて日常的な風景で変わりばえしないが、それでも日々少しずつ異なるのだ。それらを書きだしていると、目に映るものを愛し、慈しみ、絆で結ばれずにはいられない。書くことが修行なら、それは完全な修行である。

エクササイズ

私たちはしばしば、今どのように過ごしているかを観察するより、「明日何をしよう」という頭の中のナレーションに耳を傾けて過ごしがちだ。ここでは「音声なしで絵を眺める」練習をしよう。ドキュメント映画の無音の場面を撮影しているように、一日を観察するのだ。この観察をすると、あなたが実際に何を修行しているかがわかるだろう。

一人で静かに書くこと。ノートを広げ、あなたの一日について細かい点まで書きだす。あなたを人生の主役として描写しよう。あなたはどんな姿をしているか。どんな選択をしているか。登場人物としてのあなたは何を夢見ているか。何を愛しているのか。ホットジャズを聞いたり、快活なフォックステリアを散歩させたり、中華料理が得意だったりするのだろうか。あなたが小説の主人公だとしたら、誰があなたを書き上げたのだろう。あなたはふだん何を読んでいるか。自分をフィクションの登場人物のように描写しよう。四十五分たったら書き終える。

何がわかったか。自分を登場人物として眺めて気づいたことを、十五分で書きだしてみよう。

33・読者

最近、私はアイルランドに講義に行って、才能ある若いスコットランド人作家に会った。彼はちょうど作品を書き始めようとしており、情熱にあふれていた。私は今まで自分の中にも他人の中にも機が熟して書くばかりになったエネルギーを見てきたが、彼はまさにそれをもっていた。私は彼の将来を確信し興奮した。「書いてください」と私は彼に勧め、ファックス番号を交換した。

旅行から戻って一週間もたたないうちに、私はすばらしい短編小説を二編ファックスで受け取った。私が期待していたとおり、原稿はすばらしかった。正直で着実だったのだ。彼は創造的なエネルギーの金脈を発見したのだ。彼がしなければならないのは、ただそれを活用することだけだった。

「すばらしい物語だわ。続けてください」と私はすぐに返信し、その後つぎつぎと物語を受け取ることを期待した。若い作家が自分の声を発見するのを眺めるのはとてもわくわくするものだ。続きを読むのが待ちどおしかった。ところがいつまでたってもファックスは鳴らず、ついにこんな電話がかかってきた。

「物語を友人に読んでもらったら、『大したことないね。全然感動しなかった』って言われたんです。それ以来、物語のアイディアが浮かびません」

彼の声はとぎれがちだった。私は飛行機ですぐさまアイルランドに戻り、自称友人たちを怒鳴りつけたかった。あれほど力強くのびのびして将来が楽しみな作品を、なぜ批判できるのか。自分を何様と思っているのか。評論家とでも思っているのか。

最良の批評は建設的だが、それができる人は本当に少ない。そういう現状を理解したうえで、草稿は相手かまわず読ませないようにするのが賢明だ。

「あなたは自分一人の胸の内にしまう練習をしなくちゃね。物語を見せて回るのはやめなさい。とくに友だちにはね。ただもっと書いて、ファックスで送って。ちょうど十二編を目標にしましょう。まず書くの。推敲に心を悩ますのはそのあとよ」

彼だけでなくすべての人にとって必要なのは、自分のペース、勇気、安全な場所を見つけることだ。鑑識家はすべて出ていけという意味ではなく、時間と空間を使って自分のためになる鑑識家を見つけなさいという意味だ。それは即席の批評や大多数におもねる芸術に関わっているときは見つけられない。「あなたは私の原稿をどう思うか」という質問は、「私は自分の原稿をどう思うか」という真実の質問に置き換えなくてはならないのだ。

私たちは子どもの頃、言葉を愛したものだった。そして今、私はすべての人が言葉への愛に立ち返り、愛を込めて書けばいいのにと思う。なぜなら基本的には、書くことの本質は愛だからだ。書くことは愛の行動であるからこそ、保護され、もっとも深い尊敬を払われるべきなのだ。

中世の都市は周囲を高い壁に守られた中で繁栄した。私たちの心の中には、同じように大切に守らなければならない創造的な核がある。私は自分の創造性をもっとも価値ある宝物と考えている。それは私の財産だ。そして、賢い人が堅実に慎重に投資して富を守るのと同じようにそれを守るのだ。

芸術家は野性的で無頓着だという通念があるが、なぜここで投資などという会計用語が出てくるのか。なぜ慎重であらねばならないのか。その理由は、愚かな人が富を浪費するのと同じように、どんな人も内なる豊かさを浪費しうるからだ。

富を浪費する方法はいろいろある。まず、私たちは自分の作品を早すぎる時期に相手かまわず読ませてしまう。本来は、銀行が投資家を選別するように読者を選別すべきだ。きちんと読めない人にも読ませ、認めてもらおうとして、感想を尋ねてしまう。読んでもらいたいあまり、街を守る城壁の門を開けてしまう。それはまるで通行人に銀行口座の暗証番号を教えるようなものだ。

識別眼のない読者に作品を読ませることは、破産しかけている人にお金を貸すようなものだ。お金が期待どおりに返されることはないだろう。作品の真価は認められず、彼らは「最高にすごい」または「最悪だ」といった極端な感想を述べるだろう。私は長い体験から、極端な感想は、よかろうが悪かろうが作者の自意識を刺激し、書き続ける妨げになることを知っている。熱狂的な反応もまた危険なのだ。

彼らの手に貴重な作品を渡すと、作品を書き上げる能力を台無しにされる。書くことに用いられるべきエネルギーが、原稿を擁護したり批評家たちの意見に納得したりするために費やされるのだ。

書くことはたしかに絆を結ぶ行為だが、まずはじめに作家とその大いなる自己を結び、その後に作家と世界とを結ばなくてはならない。自己表現を練習するには、適切な順序を守り、表現しようとする自己を守る必要がある。作品を貴重品のように注意深く扱わなくてはならないのだ。

書くというコミュニケーションは、まず内なる世界で始まる。大いなる自己が作家に語りかけ、作家が大いなる自己に語りかける。しかし、あまりに早く外の世界の介入を許すと、自己が引っこんでしまう。残された理性はもっと賢く防御的に書くだろうが、魂は消える。

外からの影響は、揚げ足取りではなく成長を促すものであるべきだ。そして、それこそが批評の本来の目的である。作品をけなす批評ではない芸術としての批評は、作品が生まれるのを助け、勇気づける。文学の伝統を熟知した人は、文学の巨木に親しみ、熟練した林業家のように有望な新しい若木を見抜くことができる。しかし今日の批評家はそういう訓練をしていない。学校でもメディアでも批評は大流行だが、上手に批評する技術は教えられていないのだ。

教えてきた体験からいうと、受講生の長所を誉めていると短所はしだいに消えていく。しかし短所ばかり指摘していると、長所が消えてしまうのだ。若い作家は若馬と同じで、完璧さを求めすぎる前に、まず基礎的な歩き方を覚えさせる必要がある。価値ある若馬を相手かまわず調教に預けないように、私たちは自分の作品を見境なく批評させてはならない。ただし、これは文章書きのプロに批評してもらえという意味ではない。プロの場合、かえって密かに利己的な思いを抱いていることがよくある。むしろアマチュアの読者のほうが有効なフィードバックをくれることもある。アマチュアという語源が「愛する」という動詞に由来することを思いだそう。読むことが好きで、あなたが育みつつあるアイディアを気に入ってくれる人を、読者に選ぶのだ。

私は二十代前半から書評をしている。周知のことだが、いい書評を書くのはとても難しい。長所を具体的に指摘するのは難しいのだ。しかしこれも周知のことだが、酷評するのは簡単だ。短所を具体的に指摘するのは、恥ずかしいほど簡単なのだ。だから、「友人」を「好意的な読者」にするには、作品を渡すとき「もっと読みたいところはどこか、具体的に教えて」

と言い添えるのがいいだろう。

私たちは愛から書き、愛から読んでくれる人を選ばなければならない。批評を恐れながら書くなら、ペースが乱れ、声が出なくなってしまう。批判するのが好きな人を読者として選べば破滅を招く。

私には大好きな編集者がいる。彼はさらっと読み流して、インスピレーションを与えてくれる。「私はここが好きです。もっと突っこんで書いてくれますか」とか、穏やかに「ここの意味はよくわからないので、もっと知りたいです」などと言う。単に「いいですね」と言うときもある。

この編集者と仕事をすると、私はもっとも難しい仕事でも支えられていると感じ、よく書けていない部分を簡単に削れる。どうしようもない短所に汲々とせず、長所を伸ばして書き上げられるのだ。もっともすばらしいのは、その編集者には私に対する競争心がないことだ。彼はただいい原稿が好きで、言葉への情熱がある。だからこそ、ふさわしい言葉を使えるようインスピレーションを与えてくれるのだ。

小説家テレンスは、最初の読者を妻とごく少数の親友にしぼることによって何年もすばらしい作品を書いてきた。やがて、彼はある版権取次業者と契約し、彼に草稿を読んでもらうようになったが、それは破壊的な過ちだった。

業者はマーケットの動向と「これが売れ筋」という思いこみから読み、純粋に作品の価値を見抜くようには読めなかった。彼はすぐ、作品が自然に展開しようとしている方向ではなく、自分が「これなら売れる」と思う方向に徹底的に書き直すよう望んだ。テレンスの書くペースは急激に落ちた。数年間彼は楽しく着実に書いてきたのに、ペンが進まなくなり、ついに完全に書けなくなったのだ。業者が何を考え作品にどんな変更を加えたがるかが気になって、書けなくなったのだ。

これはあまり知られていないことだが、じつは作家が書けなくなるのは、内なる芸術家が危険にさらされたときのきわめて健全な自己防衛反応である。テレンスの内なる作家は、作品が間違って読まれ、骨抜きにされるのを拒否したのだ。テレンスがついに業者に怒りをぶつけたとき、内なる作家はようやく安堵のため息をつき、仕事を再開した。

出版業界でなにが起きようが、作品を大切に読んでくれる少数の人たちとの友情を育むことは、きわめて重要だ。仕事の戦略としてではなく純粋な楽しみのために詩やエッセイを読んでくれる人が必要なのだ。内なる作家は自由に書くことを許されていなくてはならない。もちろんマーケットを意識することは作家稼業の一部だが、比重が大きくなりすぎるとすばらしい探求の道を閉ざしてしまう。しかもそれらは、最初は商業的でなくても、のちにマーケットに受け入れられたはずのものかもしれないのだ。

イブは熟練した短編小説作家で、作品をつぎつぎ出版していた。しかしイブは、競争心のある仲間の作家に新しい短編を読ませるという間違いを犯した。

「もしこれを出版したら、あなたのキャリアに傷がつくわ」

と、彼女はイブに不吉に言い放った。

イブはその物語を出版しなかった。そして、その物語を引き出しの奥にしまって、おもなキャリアであるジャーナリズムに戻った。イブがその物語を読み返し、勇気をくじかれた体験を人に話し、再び短編小説に取りかかるまで、十五年近くかかった。

作家は打たれ強くあるべきではないか、と言う人もいるかもしれない。しかし実際、多くの才能ある作家が打たれ強くないのだ。心を開いて創造活動に取り組むには弱さが必要だ。しかしその弱さこそが創造性を危機にさらすのである。そのため、私たちは細心の注意を払って、どんなときも友情を保てる人を見つけることが必要なのだ。

いつの日か、幸運と忍耐力があれば、あなたの作品は大きな反響を呼ぶだろう。そんなとき、裏表のない友人はもっと大切になる。成功したとたん内なる検閲官が目を覚まし、「ただのまぐれだ」と言いだすだろう。しかしそのとき、友人は優しく「この作品が成功する前もあなたはいい作家だったし、今だっていい作家だ。書き続けてよ」とささやいてくれる。

批評の代わりに必要なのは、優しさ、励まし、安全性である。私はここ三十年書き続けて、いい批評が悪い作品を救うより、悪い批評がいい作品を破壊するさまを、たくさん見てきた。編集者がよってたかって価値ある原稿を分解するのを見てきた。ようやく独り立ちしはじめた劇が、たくさんの人たちが修正しようとしたためつまずくのを見てきた。

「魔法の第一原則は人を選ぶこと」書くという分野においてほど、この法則が厳格に適用される分野は他にない。

エクササイズ

あなたの心の風景を測量しよう。危険な要素を見きわめ、見張るのだ。藪の中であなたを待ち伏せする狙撃兵が見えるか。

喫茶店や図書館に行き、あなたとあなたの作品に親切な人と害を及ぼす人を分類しよう。悪気はなくても害になる人もいることを忘れないように。親しみを感じていてもその人が安全とはかぎらない。

まず、あなたを支援してくれる安全な人を五人リストにしよう。この人たちには作品を見せ、作品について語ってもいい。純粋にあなたの味方になってくれる人が一人二人しかいなくても、正しい方向に向かう大きな一歩だ。

次に、作品を見せると危険な人を五人リストにする。混乱したメッセージを伝えたり、成功の見込みについて語ったり、あなたの成功に競争心や不安を感じる人が、このリストに入る。ほめたりけなしたり両極端な人もここに入れる。

肯定的なリストを読み返して最良の候補者を一人選び、その人に電話しよう。そして批評家ではなく読者として原稿を読んでもらいたいことを打ち明ける。もし読者になることを承知してもらえたらお礼をいい、彼があなたの作家人生に欠かせない一部であることを説明する。あらたまったお茶の席を設けてお祝いするのもいい。

34・音

私たちは感覚を活用して書く。書くことにおける視覚の重要性はよく話題になるが、聴覚が果たす役割はあまり注目されない。作者の声がこもった文章かどうかを論じることはあっても、言葉そのものがもつ響きの大切さは、あまり話題にならないのだ。

私は今、そよ風の吹く暑い午後、家の裏口に座って書いている。リンゴの木が風で揺れ、葉がさわさわとそよいでいる。ポーチのそばには小さな木があり、その葉は日干しレンガの壁をかすめてヒューッと音をたてている。チャウチャウのゴールデンキングは決然とうなりながら庭を掘っている。新参者のロットワイラーの子犬が暑さに喘《あえ》いでいる。半マイルほどハイウェーを下ったところで、トラックがギアチェンジをしている。私の敷地の舗装されていない道では、拾ったビア樽がゴロゴロ音をたてている。コオロギの大合唱が牧草地から聞こえてくる。牧草地のフェンスでは、騒々しく大胆不敵なカササギが犬たちをけしかけ、興奮させている。ポーチの垂木に吊されたチベッタンベルとパイプチャイムが女性的な音を奏でている。

世界は歌であふれている。街には耳障りで賑やかな交響曲が流れ、私の田舎暮らしには気まぐれなのどかさが流れているのだ。

牧歌的な夏の午後だ。ティーンエイジの少年が埃まみれのバイクで轟音をたてて通り過ぎる。あまりに大きな音だったのでカササギたちはいっせいに逃げだし、牧草地から離れた小さな枯れ木の枝で文句をいっている。

新しい子犬は五カ月だ。彼女の吠え声はすでにわが家よりも大きい。私の頭上でブンブンうなる蜂は、まるで自分のたてる音にうんざりしているように聞こえる。馬たちが近づき、蜂を追いやる。ドメニカの白いアラブ馬のウォルターは、蜂の音を聞きつけて、たてがみを振り上げる。

作品を現実に根づかせるには、視覚と同じように聴覚も必要だ。たった今、アルミニウムの犬の皿が石のポーチの上を転がっていった。子犬は大きな馬が近づいてきたので、恐がってうなっている。赤い小型トラックが道でガタガタ音をたてているが、あれは何だろう。他の町から来た人が、しゃれたスポーツカーで野原の下の道を走っている。ロットワイラーは深いバスで、ラサアプソは小さなテノールで吠え、神経をとがらせている。

暮らしにはサウンドトラックがあり、音（sound）は文字どおり私たちの意識に轍《わだち》（track）を残すのだ。手でノートの上に跡をつけるとき、ペンがこする音は何かを録音している。そして私たちが意識的にそうするとき、文章はもっと堅実（sound）になるのだ。

私はかつてエルビス・プレスリーの映画の脚本を書いたことがある。彼はキングであり、世界の音楽シーンを変えたアメリカの一大現象だった。私は初期のエルビスのその性急さと熱を覚えているが、脚本を書くときはブルース・スプリングスティーンのアルバムを繰り返し流した。私は脚本に、スプリングスティーンの音楽に見い出せる、若さ、熱、エネルギー、そして強烈にアメリカ的な何かを反映させたかったのだ。方法としては異端かもしれないが、私には役立った。

バロック音楽、とくにバッハが役に立つという作家もいる。複雑で論理的な原稿を書く作家は、モーツァルトを聴くと頭の回転がよくなるという。ロックのビートが強力なエンジンのように活力をくれるという作家もいる。じっくり考えるときは繊細で心を鎮めるフルート音楽が向くという作家もいる。

ＢＧＭは作家によって異なる。ソフトジャズがないと書けない作家もいるし、ジャズが流れていると気が散って書けない作家もいる。森や海のような自然の音を録音した環境音楽を好む作家もいる。メトロノームをゆっくり鳴らすのを好む作家もいる。もっとも、音楽を流さない作家もたくさんいる。

私が最高に幸せにのびのび書けたのは、ティム・ウィーターの音楽を聴いていたときだ。こんなことがあった。ウィーターと私はロッキー山脈の高地で祈りのアルバムをレコーディングしていた。私は電気機材が詰めこまれたスタジオにいるうち精神的にまいってしまい、外に逃げだした。車に乗りこもうとしているとウィーターが追いかけてきて、私に「きみは小さな本を二冊書くべきだよ。動物たちへの祈りと子どもたちへの祈りを」と言ったのだ。

「あなたが書いて、私は忙しすぎるわ」と私は言い返した。

その後、ウィーターはフルート音楽を録音しにスタジオに戻った。私は車の中で本書の原稿を書こうとしたが、できなかった。音楽の中の何かが私の心をハミングさせたのだ。『蟻の神さまに』という短い祈りのアイディアが浮かんだ。私はそれを書きとめ、さらにもう一つの短い祈り、『ノミの神さまに』を書きとめた。十五分もたたないうち、着陸を待つ飛行機のようにつぎつぎと祈りが浮かんできた。私はスタジオで飼われている小さなチベッタンドッグを横に座らせ、車のフロントシートに腰を下ろした。ウィーターの演奏中、私は次から次へと祈りを書いた。私は二日間で五十二編の祈りを書き、ウィーターは私たちのアルバムを完成させた。

暑い午後は終わりつつある。鳥のさえずりが変化した。スズメとフィンチが早めの夕食にやってきた。子犬たちはここニューメキシコのあちこちに埋まっている骨を見つけてきた。子羊の骨は、子犬の歯で砕かれると小さな騒々しい音をたてる。尖った破片が子犬の喉に刺さらないように、子犬が気を逸らしたすきに取り上げてしまおう。ちょうどドアが音をたてたので、子犬は耳を澄ませ、そちらに歩いていった。

意識的に音を使うと、文章に無意識の力を取りこめる。視覚的なイメージだけより、もっと微妙で鋭い、たくさんの連想が生まれるのだ。

エクササイズ

このエクササイズは家の中で行う。

〈ステップ1〉

リラックスし、耳を澄ませる。私の場合は、鳥のさえずり、遠くでガタガタ走るトラック、突然のクラクションなどが聞こえる。かすかなそよ風や冷蔵庫がブーンとうなる音も聞こえる。あなたはどんな音に囲まれているか。何に耳をそばだて、何に耳を閉ざしているか。すべて書きだそう。

〈ステップ2〉

心を冒険に駆り立てる音楽を選ぼう。私の場合はティム・ウィーターの『グリーン・ドリーム』というケルト風のアルバムを使う。曲を選んだら心を落ちつかせ、ノートの上に夢を広げよう。理想の人生を思い描くのだ。

例えば、精神性、友情、仕事、生活環境、休暇、創造的なプロジェクトなどの面で、あなたにはどんな理想があるか。一時間たっぷり使って書き上げ、それぞれの面について約十分イメージすること。

35・人間性

今日の午後、私は児童書出版社の編集者だった女性と電話で話した。彼女は書きたいのに書いていないということで、私と話したかったのだ。

私は以前、彼女が書いた記事を読んだことがあるが、いきいきしたいい記事だった。彼女からもらった手紙もいい手紙だった。だからこの場合、明らかに才能の問題ではなかった。自信の問題だったのだ。

「独創性が足りないんじゃないかと思うの。私のアイディアは使い古されていて、ただ私が知らないだけじゃないかって。努力して書き上げたあと、みんなに『前に読んだことがある作品とそっくり』なんて言われたらどうしよう」

「わかった、わかった。でもね、どんな作品も前に読んだことがある気がするものよ。あなただって、まるで新しいものじゃなきゃ読みたくないなんて思う？　新しさを出そうとするんじゃなく、人間らしさを出すのね。あなたが人間として本当に興味のあることなら何でもいいのよ」

「そうね。私は動物に興味があって、何百もの動物の物語を集めてきて、そのことについて書きたいわ。でも、動物に興味があるのは私だけかもって考えちゃうの」

「本心からそう思うの？」

「そう言われると、そんなことないわね。動物好きな人はたくさんいるわ」

「つまり、あなたはいいテーマだってわかっているのに、それでも書いていないのね。書かない理由は、本当は何なの？」

「作品を書いても無駄になるのが恐いんだと思うわ。つまり、もし書き上げたところで買ってくれる人がいなかったら……」

「でも、書き上げたという喜びは味わえるでしょ」

「そうね」

しかし、そう答えた彼女の声は納得したようではなかった。出版業界で長年働いたせいか、彼女は書くことをプロセスと見なせないようだった。商業出版の世界につかりすぎ、アマチュア、つまり愛から書くという発想をなくしてしまったのだ。

彼女の話を聞きながら私はほぼ一カ月前、一緒に食事した弁護士を思いだした。仕事が話題になり、私はただ書く喜びのためにいろいろな作品を書いたと語った。

「なんですって。つまり、出版されるかどうかわからないのに、賭けで書いたんですか」

と、弁護士は仰天して言った。

好きで書くことが賭けだなんて、思いもよらなかった。どんなときでも、私は投入した時間とエネルギーに見合う以上、自分を尊敬することができた。また、好きで書いたものの多くが、のちに確実な収入をもたらすこともわかっていたのだ。

「あなたは書くことが好き？」

と、私は電話でその編集者に聞いた。

「ええ、自由に書けるときはね」

「じゃ、自分が好きなことをするのにどうしてお金を払ってもらおうとするの。書くことと収入を得ることは分けて考えなくちゃ。まず好きだから書いて、報酬を得られるかどうか頭を悩ますのはあとにするの」

「そんなことできるかしら」

もちろんできる。ただ自分に許可を与えさえすれば、ほとんどの人にできるのだ。しかし不運にも、私たちはまず自分に許可を与えない。誰かがやってきてパスポートに「本当の作家」というスタンプを押してくれるのを待っているのだ。しかし実際は、私たち自身がその承認を与えなければならない。

出版を考えるとき、私たちは幸運が降ってくるのを待つ。自分で幸運を招き寄せ、突破口を開こうとはしないのだ。しかし、ベストセラーのうち驚くほどのたくさんの本が、最初は自費出版だった。最近では『聖なる預言』もそうだ。それに、たとえベストセラーにならなくても、イメージでしかなかった本を実際に手にできれば、ささやかでも現実に叶った夢への、たしかな満足が得られる。

酷評されることが不安になったら、親切な読者のリストが有効だ。私にも書くのをずるずる引き延ばしてきた探偵小説があったが、それを思いきって書きださせてくれたのは親切な読者だった。昼食を食べながら友人のエレン・ロンゴに読んでもらい、エレンが「それからどうなるの」と聞いてくれたことが書き続ける力になったのだ。

たしかなのは、その日一日その一ページを書くというふうに、分けて考えることだ。次にすべきことをする勇気だけが必要なのだ。今日原稿を書けば、明日編集することになり、来月デザインを考えることになるかもしれない。しかし今日に関していうなら、必要なのは書くことだけだ。

「多くの人が楽しんでくれるはずの物語もいくつかあるのよ。それから書きだそうかな」

ついに、女性編集者は少し明るい声でそう言いだした。

「一度に何編も書き始めないでね。まず一編からね」

「コツはそれだけ？」

「正真正銘、それだけよ」

エクササイズ

月並みで心温まるテーマを五つリストにしよう。リストの目的は、ほとんどすべての人に関係するテーマを見つけだすことだ。

例えば、「最愛のペット」「大好きな親戚」「最高の休暇」「私をもっとも元気づけてくれる先生」など。

一つのテーマを選ぶ。ノートを広げ、一時間詳しく書きだそう。センスよく書こうなんて思わず、感傷的になっても気にしない。何が記憶に残り何が気に入っているか、細かい点まで思いだそう。書き終わったら親切な読者に読んでもらうこと。

36・ドライブ

私の車は65年の小型トラックで、「ルイーズ」というあだ名がついている。ルイーズは轍のある泥道を野生馬のように跳ねながら進む。ニューメキシコでも大丈夫な大きな風防ガラスをつけ、地平線はるかに広がるヤマヨモギの台地を走るのだ。雪嵐の中ではルイーズはキャビンに早変わりし、窓から写真を撮ることができる。

書くためにドライブはいい刺激だ。書くという芸術は大量のイメージを消費するので、深くひんぱんにうまく書くためには、心の中のイメージの池をいつもなみなみとたたえていなければならない。そのために私は車のハンドルを握るのだ。

ルイーズのほかにも、私は明るい赤に塗られた四輪駆動のオールズモビル・ブラバダをもっていて、「ボンボン」というあだ名をつけている。ボンボンならどこにでも運転していける。先週は何日もすばらしく鮮やかな夕日を見ることができた。そして昨日の夕日はまるで純金の壁のようだった。私は夕日を見るなり、娘ドメニカと友人で詩人のジェームズ・ネイブの腕をつかんで、「さあ、ドライブしましょうよ」と言った。

タオスの町はビデオショップやおいしいチョコレートムースを出す店があるほど開けているが、古い農地に囲まれた谷の中にあってすぐに抜けだせる。ドメニカとネイブをボンボンに詰めこむと、私は夕日に向かって狭い舗装道路を真西に進んだ。出発してすぐ、平原で立ち往生したあげく牽引車に引っ張られて家路につくトラクターとすれちがった。その後、突然、向こう側から猛スピードで私たちの車線を走ってくる小型トラックに出くわした。すばやくハンドルをきったが、ほとんどニアミスしかけた。その車が背後に消えると、目の前には夕日が見えた。黄金の太陽から光が融けだして、銅、青銅、それらが混じり合った色が、見事に広がっていた。

ちょうど黄昏《たそがれ》どきで、ふわふわした羊は光り輝く地上の雲のように見える。暗緑色の牧草地を背景にすると、雪のように白いアラブ馬は象牙の彫刻のように見え、バックスキンは明るい金色に光っている。

北に進路をとると、ボンボンは燃えるような赤に輝いた。向かいにそびえるセイクレッド・マウンテンは暗く不吉に見える。車窓から見る山肌は地層がむきだしになって流れるように動き、暗い黄金色をしている。十五分北に進むと夕日は左側に見え、さらに十五分南に向かうと右手になって、それから私はボンボンを家に向かわせた。私は作家として目でものを食べる。そしてその壮麗な夕日は、私の食欲を充分満足させた。今日、私は書きたくてたまらない気分だ。

四年前、父に死が迫っていることがわかる前、父と私はフロリダのサラソタから湾沿いに進み、テキサスを斜めに横切って、ニューメキシコのわが家まで大陸横断の旅に出発した。ブルーという黒い犬を乗せて雪のように白い車でテキサスを横切り、ちょうど半ばに差しかかったとき、私たちはトラックを停めてジュークボックスと安いウイスキーやグレイビーソースをつけたビスケットを楽しんだ。そして出発したとたん、頭の中ではっきりと「カレンはペコス川から一〇マイル西へ行ったところで、ジェリーに『ここよ、停めて』と言った。そこで彼女の新生活が始まったのだ」という声がした。

私はノートをひっつかむと、その声を書きとめはじめた。父の隣で走り書きしている間、父はテキサスの奥に向かって車を進めた。ジャックウサギ、ガラガラヘビ、ハゲワシ、コヨーテの住処《すみか》だ。しかし登場人物はそれらすべてよりもっとおもしろかった。私の手はすさまじい速さで動いていた。書く衝動が私を突き動かし、その夜モーテルに着く前に私はすでに短編を書き上げていた。

ドライブは、私の書くエンジンを始動させ全速力を出させる。ドライブは私をページに向かう衝動（drive）に駆り立てるのだ。スティーブン・スピルバーグ監督も、「なぜかしらないが、運転中に最高のアイディアが浮かぶんだ」と言っていた。

芸術家は創造活動のためにイメージを大量に消費する。その点、車を運転するとつねにイメージが流れこんでくるので、さまざまなアイディアが浮かぶきっかけになるのだ。

私はマンハッタンに住んでいた頃、おんぼろでのろい金色の車をもっていた。マンハッタンで自家用車をもつのは愚かだし費用がかさむが、私にとっては賢明な選択だった。私はしばしば、当時はよちよち歩きだったドメニカと雪のように白いロイヤルスタンダード・プードルを車に乗せて、ドライブに出かけたものだ。ウェストサイドハイウェーを走り、新しい風景や光がつぎつぎ飛びこんでくるのを目に貪《むさぼ》らせながら、ハドソン沿いに北に走るのだ。ヘビのように輝く川に沿って北に進むと、戯曲の草稿が浮かび、それらが演じられるのが心の目で見えた。メリットパークウェーの緑のトンネルに向かうと、私の都会ずれした心は創造的な酸素を吸いこんで弾み、新しいアイディアでいっぱいになって家に帰った。

仏教徒のナタリー・ゴールドバーグは、自叙伝に『長く静かなハイウェー』というタイトルをつけた。作家ジョン・ニコルスは、最良の作品のうちいくつかを、小型トラックでニューメキシコのハイウェーを疾走しているときに書いたといっている。片目はハイウェー、片手はハンドルの上に置いて、ブルージーンズのポケットに突っこんでおいた紙切れの上に少しずつ書いていったというのだ。詩人ジェームズ・ネイブはアメリカを縦横無尽に旅しながら詩を教え、一年に一〇万マイルも運転することで知られる根っからのドライバーだ。

ドライブに出かけると、目の前で何マイルもの風景が展開していく。道に意識を集中していると、心の葛藤は道端のおもしろそうなものに取って代わられ、真っ赤な車や風変わりなレストランを眺めるうち心はしだいに軽くなる。

運転しない人もいるが、作家ならおそらく運転すべきだ。運転しないなら、少なくとも、書き続けるには遠くを見る必要があることを理解しなければならない。

エクササイズ

車をもっている人はドライブに出かけよう。一、二時間、小さな通りを探検するのだ。運転し慣れた道は避けて、ハイウェーは下りる。どんな様式の建物があり、そこで人々はどんな暮らしをしているだろう。

車をもっていない人は、バス、電車、自転車に乗ろう。イメージの流れで心を洗い、目で味わうのだ。通り過ぎる教会、墓地、レストラン、ゴルフコースなどのイメージを心の中に取りこもう。人々は日々さまざまな暮らしをしている。大雨の日に外に置いた空っぽのバケツのように、心をイメージで満たそう。

37・生活基盤

七月四日、夏真っ盛りだ。このテーブルの上には、使い古されて薄くなった蹄鉄と、ランブリングローズの花束、日干しレンガの鳥のエサ台、そしてロウソクがある。そばには愛犬四頭がのびた草の中で寝そべっている。ヘビに注意が必要なことを除けば、すべてが穏やかだ。二年前、父の死後、私はこの小さなスペースを作った。水辺を愛した父を記念して、地元の職人にデコボコのある小さな養魚池を作ってもらったのだ。午後ヤマヨモギの中を散歩したあと、犬はその池に飛びこむ。芳しい風が吹いて池の表面を穏やかに波立たせ、重いベルと軽いチャイムを鳴らして近隣にその響きを伝えている。

これほど静かだというのに、私はそわそわしている。子どもの頃から七月四日は心を乱す祝日だった。作家にとって休日はテンポを壊されるだけで、解放されるわけではない。

作家はサバンナのように広大な自由と、無秩序、無為の時間をもつのが理想だと考えられがちだ。しかし、それは的はずれだと思う。実際は、他に義務やゆるやかなスケジュールがあるとうまく書けるのだ。本業は生計の足しになるだけでなく、創造力も高める。T・S・エリオットは銀行員だったし、レイモンド・チャンドラーは保険の販売員だった。私を含む多くの作家が教壇に立ってきた。リチャード・コールの本業はロックバンドのマネージャーだ。

こういった仕事は、お金の流れだけでなく経験も与えてくれる。作家は世界で生きる必要があるのだ。作家の最大の恐れの一つは退屈だが、自由時間が多すぎると退屈というリスクを抱えることになる。自分にかまけすぎると世界との関わりを失い、退屈になるのだ。

作家でありスピリチュアル・カウンセラーのソニア・チョケットは、多忙な生活を送っている。一日六時間リーディングを行い、夫パトリックとともに二人の娘を育て、直観と願望の実現化に関するワークショップを行い、そしてもちろんつぎつぎと本を書き続けている。ソニアの著書は彼女の人生のように登場人物であふれている。彼女は人生という流れにたっぷり浸って暮らしており、その文章には地に足のついた慈悲がこだましている。ソニアの場合、多忙な生活が彼女の根っこになっているのだ。

花を咲かせるには根を張らなくてはならない。定期的に書いていると地に足をつけた暮らしができるように、規則正しい生活をしていると堅実に書けるようになる。誰もが長期休暇に憧れるが、それが期待していた効果をもたらすことはほとんどない。ぽっかり空いた自由時間はただ自分にかまけて過ごしがちで、原稿にも大きな穴を開けるのだ。

多作な小説家だったヘンリーは、好奇心旺盛で友人がたくさんいた。三年ほど前、彼は過去三十年よりもっと長時間書くことに集中しようと決意し、少しずつ生活の幅を狭めるようになった。夕食を招待されても映画を誘われても、「仕事があるから」と断ったのだ。

ところが、作品は花開くどころか、灼熱の日差しにさらされた水不足の植物のようにしぼみはじめたのだ。三十年のキャリアではじめて、彼の映画脚本は没になった。編集者は、彼の短編二編に「すでにお書きになった内容です」というぞっとするメモをつけて突っ返した。

彼は長年、書くことより生活に意識を向けているときに作品が豊かに花開くという体験をしていたにも関わらず、よかれと思って、知らず知らず自分を根っこから切り離してしまったのだ。彼の内なる創造性の池は、自由で着実なアイディアの流れが途絶えたため昔のアイディアで淀んでしまった。当時、ヘンリーは私に嘆いた。

「どうしてこんなに苦しくなったのかわからない。もうだめだ、書けないよ」

「じゃ、映画に行きなさいよ。夕食にもね」

と、私は慰めた。

ヘンリーはしぶしぶながら、少しずつ外出するようになった。最近の噂では、彼はもっと自由に書けるようになり、編集者も彼の小説に興味をもつようになったそうだ。最後に彼と話したとき、彼は「せっかくのご招待だけど、その日は無理だ。お客がくるから」と言った。彼の生活が活気を取り戻すと、仕事もうまくいくようになった。

暗くて重い嵐雲がセイクレッド・マウンテンの山肌にかかっている。また稲光りが輝くだろう。犬たちをヤマヨモギの中に連れだすか、それとも散歩はあきらめるか決めなくてはならない。ニューメキシコの稲光りは金色の雷になって落ちる。ここの嵐はＵＦＯが着陸ビームを出す場面に似て、まるでＳＦだ。遠くで雷鳴が聞こえ、風は湿り気をはらんでいる。誰かが裏庭でバーベキューをしているらしく、セージの香りに混じって灯油のつんとする匂いがする。七月四日という自由な空気に引きずられる前に、私は嵐をものともせず、犬たちを散歩に連れだすだろう。そして再び、私は書き始めるのだ。

エクササイズ

自分を意識的に大切にしてみよう。

一時間、書く時間をとること。人生を振り返って、自分自身で選択し、すばらしい結果を得たエピソードを一つ選ぶ。評判の悪い青年と結婚したが結局あなたにぴったりの人だったとか、知らない街に引っ越したとか、転職したというエピソードかもしれない。離婚したり養子をもらったのかもしれない。犬を飼ったというようなささやかなエピソードでもいい。どんなリスクを選んだにせよ、そのときの自分を再体験し、ノートを広げて、その選択と自分を祝福する。自由と勇気を祝うのだ。

38・超能力

今日の午後の空は暗くて不気味だ。書くことと超常現象についてエッセイを書くにはうってつけの空である。まずはっきりさせておくが、私は超常現象を日常生活の一部と見なしている。合理主義的な学校教育は、五感でとらえられる世界と簡単に説明できる物事だけを信じこませてきた。しかし書くことが霊的な修行であることは事実だし、スピリットの世界は物理的な世界よりもっと大きく、もっと変化に富み、おそらくもっと現実的でさえある。

ノートを広げると、いつも私は人生に流れるエネルギーが切り替わるのを感じる。霊的な伝統では、「まず言葉ありき」と教えられるが、私はそれが真実だと信じる。

私自身、不思議な体験はいくつもある。ある殺人者について原稿を依頼されていたとき、被害者の友人たちが私の自宅を訪れたこともある。映画の脚本で登場人物を想定していたら、あとになって細かな点までそっくり同じ人物と出くわしたこともある。作家がテーマに意識を集中することは、宇宙に「あなたは私に何を教えてくれるのか」という質問を投げかけるのと同じだ。そしてその質問にはさまざまな情報源から「おやすいご用だ」という答えが返ってくることが多い。

精神世界を探求する人たちは、過去、現在、未来の情報がすべて「アカシックレコード」と呼ばれる場所に蓄積されていると信じている。いわば聖なる図書館で、その情報を読みとれる人がサイキックリーダーなのだ。原稿を書いていると、しばしば知識の通常の領域を超えた情報を得ることがある。「この登場人物はどんなふうに行動するだろう」と自問していて、浮かぶ答えは詳細まで現実味があり、時間の流れにも耐える信憑性があるのだ。

連続殺人犯という言葉も概念もなかった十五年ほど前、私は映画の脚本にそんな男を登場させた。書き始めて数週間後、繰り返し殺人を重ねている犯人を逮捕するため、ＦＢＩととともにアメリカ全土でデータをコンピュータに入力している政治活動家と知り合いになった。私は彼に、今そんな殺人犯について書いていると述べ、登場人物の人となりを説明した。専門家は静かに耳を傾けてから、ついにしみじみと言った。

「そう、そのとおり。とっても正確だよ」

私が書いていた脚本は『ノーマルな殺人』という映画で、その約一年後、私は連続殺人犯の特徴を詳述した本を読んだ。その本は十五人の殺人犯の特徴を、宗教から乗っている車の種類までリストにしていた。そして、十五例のうち十三例までが、私がつくり上げた人物そっくりだったのだ。あまりに高い的中率に私は息を呑み、「きっとお告げを聞き逃したんだわ。凄腕の刑事も登場させなきゃ」と考えた。そうかもしれない。けれど私の正体は、作家なのだ。これは、作家の疑問に宇宙が喜んで答えてくれた好例である。

若い友人の劇作家は、ここほぼ一年、デートレイプの脚本を書いてきた。書きづらく注意を必要とする脚本だった。そんなとき、宇宙は薄気味悪いほど多くの手がかりを与えて、脚本が脇道に逸れないようにしてくれたのだ。

「脚本では、二人の親友の少女がそれぞれレイプの被害に遭ったけれど、お互いに秘密にしていたという設定なの。二回めの推敲中にオーディションをしたら、二人の親友の少女が現れ、まさに自分たちの体験だって言ったのよ」

生まれ変わりにはたくさんの形がある。私の登場人物は、たぶんふだん表に現れない私の一部であり、小説の中で生まれ変わらなければならないのだろう。あるいは、物語を語っているのは登場人物自身なのかもしれない。私はほとんどの場合、彼らが私を通して書いているように感じる。私は彼らの道具としてなかなか優秀で、彼らのために働いているのだ。

一カ月前、大好きな友人デイビッドが仕事中ふいに姿を消すという夢を見て、私は胸騒ぎを覚えた。夢の中で、私はナチスの家庭に潜伏するスパイだった。正体がばれて追っ手がやってきた。拷問される前に死のうとして手にしていた毒薬二錠を飲もうとしたそのとき、意味ありげに半開きになったドアに気づいた。その瞬間、私はドアから飛びだし、一〇〇ヤード先に停まっていた車に向かって駆けだした。車にたどりつき助手席に滑りこもうとしたとき、私は目を覚ましたのだ。赤みを帯びた金髪を短く切った、すらりとした少女である自分の姿が、はっきり見えた。

私は飛び起きて、全身を強張らせた。尋常な夢ではなかった。すぐに行方不明のデイビッドを連想した。私はその過去世で彼を知っていた。ドアを半開きにしたのは、彼なのだ。私たちは抵抗活動をする同志だったのだ。

最初、「思いだすのもいや。書かないわ」と、私は自分に言った。しかしデイビッドとは連絡がとれず、夢の少女も消えず、私は物語が書かれたがっているのに気づいた。そう、デイビッドは行方不明だが、その物語でも少女の恋人は行方知れずだったのだ。彼も少女も、地下で重要な任務に就いていた。デイビットがいない今、私は心を落ちつかせるために、夢が教えてくれた物語へ通じるドアを開けた。

少女は「ちょうどいい頃合いだわ」と言って、はっきり滔々《とうとう》と話し始めた。私は毎日ペンを手に彼女と出会い、行方不明の恋人や彼女の恐ろしい任務、彼女が味わった恐怖について話を聞いた。私たちの人生は結び合わされたのだ。

この近隣を不審者がうろついているのを知って、彼女は妄想に駆られた。私が飼っているロットワイラーの子犬が、彼女の愛犬ローラになった。デイビットは彼女が恐怖に脅えながら再会の約束を信じていた恋人になった。

デイビッドはかつて、私が若馬ボブを気に入っているのを、「暴れ馬だからだ」と評したことがある。おそらく同じ理由で少女は恋人を愛し、私はデイビッドが好きなのだ。小さな作品が生まれつつあった。

少女の物語を聞き始めてから、私には新しい日課ができた。まずモーニングページを書き、それからジムに行く。マーク・ブライアンとの共著に取り組む。そして午後遅く、秘密の本に取りかかる。娘と夕食をとる。ベッドに入る前、再び少し書く。不審者が捕まらないので不安に駆られる夜もある。そんな夜は、少女の恐怖や彼女が必要に駆られてとった行動をよく理解できた。

友人のソニア・チョケットは、「超常現象は不気味とはかぎらないわ。それどころか、ほとんどのガイダンスは善意にあふれ、役に立つのよ」と教えてくれた。もちろん、ほとんどの作家はそんなガイダンスを偶然の一致と見なすだろうが。

ミュージカル『アヴァロン』を書いていたとき、私は音や植物に関わる高次の力に興味をもっていた。ある夜ベッドにつく前、精神世界の本が二百冊は並ぶ棚のうち、ふと二冊の本が目に飛びこんできた。リラックスして読み始めたとたん、私はそれらが内容についても長さについても、脚本のテーマにぴったりであることに気づいてぎょっとした。自分が創造したと思いこんでいたコンセプトが、他人の霊的な体験として描きだされていたのだ。内なる作家が宇宙に「このテーマはどうかしら」と尋ね、「あなたは正しい道にいる」という神秘的な答えが返ってきたのだ。

ステラ・メリル・マンは、霊的な力が現実化する法則を「尋ねなさい。信じなさい。受けとりなさい」と簡潔に表現している。作家はテーマについて尋ね、想像力が告げる世界を信じ、ふさわしい情報を受けとる。私はそれを偶然だとは思わない。

ノートに宇宙への質問を書きだすと答えが返ってくることを、私は何年もかけてためらいながらも信じるようになった。友人のアリソンは「ノートに質問を書いて答えを待つ方法を知ったとき、こっくりさんみたいでぞっとしたわ。でも、それは心の奥の声に耳を澄ませるという意味だったの」と言っている。実際、彼女が物語の筋と仕事の進め方について質問すると、明快で実用的な答えが返ってきた。そこで彼女は人生全般についても質問するようになったのだ。

「ノートに質問を書き、耳を澄ませて、聞こえてきたものを書くの。検閲官にならず従順に書きとめるよう注意しなくてはならないわ。そのようにして受けとったたくさんの情報は、そのときは検証しようもないのだけれど、あとになって客観的に真実だったってことがわかるのよ」

私はもう何年も、アリソンのように仕事に関する質問をノートに書きとめている。そして次にすべきことや改善の方法を尋ね、耳を澄ませると、通常の意識とは異なる源から答えが聞こえてくる。自分でも驚くような指示や助言もある。気が進まなくても心を開いてその方向に進むと、ガイダンスは必ず堅実で実用的であることがあとでわかった。ガイダンスがあったからこそ書けたものもたくさんある。

ミュージカル『アヴァロン』もガイダンスによって書いた。「あなたはミュージカルを書くだろう」という声が聞こえたとき、私の内なる懐疑論者は「私には音楽の才能はないわ」と悲鳴をあげて反論した。それでも書き始め、結局『アヴァロン』は好意的な反響を得ている。祈りの本を書くよう勧めたのも、ノートに記されたガイダンスだ。私自身はその種の本を書くとは想像したこともなかった。その後、私は四冊の祈りの本を書き上げ、自分の作品の中でも優れた作品に仕上がったと思っている。

往復書簡という時代遅れの形式の中編小説を書くよう勧めたのもガイダンスだ。私はそれらを書きながら喜びを感じ、いい仕上がりになっているのを知った。それ以降、私は楽しみながら三本の中編小説を書いた。

私は、仕事の問題だけでなく個人的な問題についてもガイダンスを受けとるようになった。何をすべきかとか、その出来事にどんな意味や価値が隠されているのかがわからず途方に暮れるとき、私はノートを広げてガイダンスを求める。ここ十年、ガイダンスの見解は正しいことが繰り返し証明され、私は困難を切り抜けてきた（もっとも、私は多くの体験があるにも関わらずしつこく証明をせがむ態度を変えていない。最近のガイダンスでは、私が書いた陰鬱な小説が出版されるだろうと受け合い、実際そのとおりになった）。

すべての人に生まれつき直観力が備わっている。そして書いていると心のスピリチュアルな扉が開いて、個人的にも仕事のうえでも役立つ情報とつながれるようになる。私がその情報を「超能力」ではなく「ガイダンス」と呼ぶのは、それがあまりに当たり前で事務的なことに思えるし、他に適切な言葉が見つからないからだ。

ガイダンスは願望を反映しているだけではないか、と質問されることもある。しかし私は、まず自分で体験すべきだと勧める。質問を投げかけて答えを受けとったら、実証すればいい。開かれた心と科学的な調査精神と未知の世界に踏みこむ意志があれば、予想もしていなかった内なる源に導かれ、人生も仕事も豊かになる。私も受講生たちもそんな体験をたくさんしているのだ。机上の理論ではなく、客観的な体験なのである。

エクササイズ

一時間かけて以下の質問に答えよう。

1. あなたは神を信じるか、あなたの考えを述べよう。あなたの信じる神は創造的な努力を応援してくれるか。神の姿を想像し、描写しよう。善良な力が存在すると考えたとたん、それを実証する体験をするかもしれない。
2. あなたは天使やその他の高次の力を信じるか、あなたの考えを述べよう。霊感をもたらす力があると考えたとたん、あなたはそれらに出会うかもしれない。
3. 書くことに関連して、神秘的な体験や超能力に関わる体験をしたことがあるか。
4. あなたは原稿を書くとき、偶然の一致として働く超能力を活用するつもりがあるか。

5. もっと情報がほしいテーマを一つ決め、この先一週間で出くわす偶然の情報の流れに注意すること。

39・小細工

「どうしてそんなに作品を書き続けられるの」と訊かれると、私は「たくさん小細工があるのよ」と答える。私の内なる作家は若々しく繊細で、すぐに動揺し、誰かの何気ない言葉でも簡単に落ちこむが、すぐにエサに釣られ、気を取り直して快活になるのも事実だ。だから私は、内なる作家に仕事をさせるためたくさんの小細工を使う。自宅や町中のあちこちに作ったライティング・ステーションも、そんな小細工の一つである。

私は今、コクピットと名づけたカボチャ色の小部屋で書いている。ニューヨークやロサンジェルスにはこの部屋から電話をする。ここは私のビジネス本部で、能率的に書きたいときや、まじめな気分のときはここを使う。

コクピットのほかにも書斎がある。それは明るくて風通しのいい角部屋で、壁はライラック色に塗られ、窓にはレースのカーテンを引いている。一つの窓の外には鳥のエサ台があり、もう一つの窓は南に面していて、作家ナタリー・ゴールドバーグが「二頭の象がキスをしているみたい」と評した丘が見える。私はコンピュータに向かって長時間仕事をするとき、その書斎を使う。ロマンチックな雰囲気が無機的な仕事を和らげてくれるのだ。

家の裏手のポーチにはセイクレッド・マウンテンに面してピクニックテーブルがあり、書くのがつらくなってインスピレーションが必要なときそこで書く。さらに、家の正面にある日干しレンガの壁の後ろには第四のライティング・ステーションがある。そこは草が茂っている小さな中庭で、野の花や釣り池もある。書くことのほかにも人生はあり、自分は自由なのだと感じたいとき、私はその草地で書く。

自宅で書く気がしないときは、ノートをもって町へ向かう。喫茶店で書くというのも、もう一つの小細工だ。私は長年ドリ・ビネラのカフェで本を書いていたが、私の斜め向かいにはしばしば小説家ジョン・ニコルスがいて同じことをしていたものだ。ドリがカフェを閉めたあと、私はトレーディングポスト・カフェの隅のテーブルに身を沈め、出入りの多いナイトクラブの喧噪の中で書く。

近頃では、ひんぱんにかかってくる電話から逃げだしたいとき、タオスライブラリーの日の当たる部屋で書くこともある。私の場合、周囲の物音は活気を保つのに役立つが、ある程度集中して書ける環境であることも大切だ。その点、喫茶店はいい。待合室もいいし、ホテルのロビーの椅子も気に入っている。

すでに述べたように、内なる作家は子どもだ。そして小さい子どもたちは、いつもみんなと一緒にいたがるものだ。だから、自宅の外にもライティング・ステーションがあると、内なる作家は独りぼっちだとか罰を受けているなどと感じないですむ。

ほかにも、サンドイッチ・コールという小細工がある。私は書けないとき、スーザン、ソニア、マーサ、ドリ、ローラ、アレックスに電話する。「書く気分じゃないんだけど、書くわ。書き終わったら電話するわね」と約束し、その後ともかく原稿に向かうのだ。書き終わったら、電話をかけ直してお礼を言う。二度の電話がパンで、その間に書かれた原稿が具というわけだ。電話では愚痴をこぼすこともある。

「他人に頼るのはどういうものか」、と言う人もいるだろう。しかし私は現役の作家であり、役立つ方法はともかく試す必要に駆られている。友人たちの支えは実用的で有効なツールで、私はそれを活用する。私としては、英雄的で孤独な作家を気どるより、友情に恵まれた生きやすい暮らしのほうが好きだ。そう、私は職場でのいやな一日について愚痴をこぼすのと同じように、作家稼業について友人たちに話すのだ。

作家稼業は、作家でなければ理解できない特殊なものではない。友人のローラは才能豊かな子どもたちを教えている。私の内なる作家も才能豊かな子どもなので、私はローラに慰められるととくにほっとする。旧友のジュリアナ・マッカーシーは経験豊かなすばらしい女優で、私が原稿の不採用通知にがっかりしていると心から共感してくれる。女優も作家も不採用通知がつきものなので、お互いのささやかな友情が傷を癒してくれるのだ。

「もう一時間書いたら夕食に連れていってあげる」と内なる作家をエサで釣るのも、効果的な小細工だ。新しいドレス、おいしい飲み物、旧友との約束、新しいランジェリーなども、エサになる。

最後に、最高の小細工をご紹介しよう。それはライティング・デイトであり、私の人生最高のデイトや最高に充実した執筆時間のいくつかはライティング・デイトで実現している。ライティング・デイトとは、誰かと待ち合わせて一緒に書くことである。マーク・ブライアンが同じ町に住んでいたとき、私はしばしば彼を誘い、喫茶店のテーブルで向かい合って本を一冊書き上げた。私たちは小声で話しながら、手書きで書いたのだ。

友人たちは一、二時間エネルギーを分け合う相手がほしくなると、私をライティング・デイトに誘う。今朝は娘のドメニカから、「ママ、私は週末に町に行くんだけれど、書かなきゃならないの。一緒に書きましょうよ」という電話がかかってきたばかりだ。

祈りも有効な小細工だ。遠く離れている人でも祈ってもらうと急場の助けになり、インスピレーションがわいてくることを、私は体験から知っている。そこで、快く引き受けてくれる女友達に、「追いこみにかかっているの。私のために祈ってね」と頼むこともある。

私にとって、祈りは仕事上の日常的なツールだ。画家や作曲家は何世紀も前からインスピレーションを得ようとして祈ってきた。現代に生きているからといって、私だけ祈りを活用できないはずがない。クリエーター（創造主）に祈るだけでなく、クリエーター（創造者）としての芸術家の友人にも祈ってもらうのだ。

ある若い劇作家が私に話してくれた。

「僕はあまりよく知らない女の子と、車で町に帰ることになった。五分間の映画を撮りたくて、いい映画監督がほしいと祈った直後だった。そうしたら、彼女は映画監督で、五分間の映画を作るため脚本家がほしいと祈った直後だったんだ。お互いぴったりの相手を見つけたって気づいたときは、驚きのあまりハンドルを切りそこねるところだったよ」

私は長編映画を撮影していたとき、しつこい虫の知らせや直観という形で霊的な援助を受けとっていることに気づいた。「このフィルムは光が漏れている」とか「もう数回、試しに撮影したほうがいい」といったガイダンスに従うと、その直観は功を奏するのだ。実務家としての私は、役立つことは何でも使うつもりだ。

多くの人たちは、現実は困難なものにきまっていると信じこまされてきた。しかし私はそういう考え方とはおさらばしたい。仕事が簡単に仕上がってはならない理由はない。そして、そのときこそ小細工の出番だ。

エクササイズ

ライティング・ステーションを作ろう。ペン立て、クッション、ランプといった、シンプルな設備さえあればいい。私が必ず準備するのは、ペン立てと娘の写真、そしていくつかのお気に入りの小物。

例えば文鎮《ぶんちん》がわりの馬蹄《ばてい》、松ぼっくり、ロウソク、グアダルーペの聖母像などだ。ライティング・ステーションには、お祭り気分が必要だ。遊び心はアイディアを練るときに役立つ。龍を彫刻したチークのレターボックス、中国製の絹の絨毯《じゅうたん》、ランを生けた小さな花瓶といったふうに、凝った美しいライティング・ステーションもある。BGMを流して完成するライティング・ステーションもあるし、祭壇のようにお香を焚《た》き、黙想にふけるライティング・ステーションもある。

家族と同居している場合のライティング・ステーションは、お気に入りの椅子、ランプスタンド、フラワーバスケットのように、必要最小限でもかまわない。

40・重要問題

私の家の上には稲光りが走っている。暗い空だ。激しい風が吹き、雷鳴が近くで大きく轟いている。洪水、山火事、落雷などの天災に襲われそうな天気だ。私はそんな天気を戯曲に使い、一大事件が起きていることを強調したものだ。

読みごたえがある原稿になるかどうかは、その内容が本当の重要問題たりえるかどうかにかかっている。なぜそれが重要なのかは、ただ重要だからだとしか答えようがない。例えば、生命や財産がかかっていたり、幸福すべてが左右されたりする場合だ。

誰もが現実の人生で重要問題に遭遇する。親が肺癌と宣告されたとか、家の売却がうまくいかないとか、親友が不倫しているとか、妹が乳房にしこりを見つけたとか、勤め先が大企業に買収されてリストラされるとか。

重要問題を描写するときは、その要点をきちんと伝え、読者が感情移入できるように書かなくてはならない。登場人物が何を失い何を得ようとしているのかを明確にして、同じ問題を抱える読者が感情移入し、結末を気にするように仕向けるのだ。次に、登場人物がどんなリスクを冒すことになるのかはっきりさせる必要がある。

作品の中で問題が深刻になるのは、登場人物やその価値観が脅かされる場合だ。例えば、三代前から所有してきた牧場を失うのは悲劇だ。しかし、もしその牧場が去年買い取ったばかりのもので、本人も都会生活がなつかしくなっていたなら、牧場を失ってもそれほど悲惨ではない。また浮気公認の結婚生活なら情事は事件ではない。しかし、伝統的な結婚生活なら不倫は心を傷つけ、悲劇をもたらすだろう。

つい引きこまれる原稿とは、失うものを正確に具体的に描写した原稿だ。牧場を例にとると、「父はあの牧場に埋葬されている。小川が流れる牧草地のリブオークの下に。まさにハイウェーの建設予定地に、父の骨は眠っているのだ」といったふうに。

「なぜそれが私にとって大事件なのか」をただちに完全に説明することが、事件の輪郭をくっきりさせ、読者に作品を読み進ませる鍵になる。重大事件であることを説明しない原稿は、いくら美文でも退屈だと私は思う。

豪雨が始まった。湿った埃の匂いが鼻につんとくる。もう本降りになったので雷は去りつつある。土の道は雨のあと、泥できらきら輝くだろう。渓谷では落石に注意しなければならない。

十年前のこんな実話がある。あるバスの運転手が雨の夜、退職前の最後の乗務で曲がりくねった渓谷を運転していた。リオグランデは雨でぬかるみ、その脇を通るハイウェーは滑りやすく足場が不安定になっていた。そのとき道路に巨大な落石があって、その運転手のバスを川に突き落としたのだ。運転手は死んだ。

「退職前の最後の乗務」であったことが、物語をさらに悲劇的にする。生死に関わる問題の核心をついているのだ。

私は文章を書くとき、どんなジャンルであろうが、自分が何を大切に考えているかをいつも念頭においておこうとしている。

自分にとって何が重要なのかを知ることは、書くテーマを選ぶのに役立つ。私はそれを金脈と呼んでいる。金脈は、愛、家族問題、社会問題、金銭的な獲得や喪失である場合もある。事件の重要性を際立たせるには、何を得て何を失うかだけでなく、登場人物の価値観においてそれがどれほど巨大な重みをもつのかを読者に伝えなくてはならない。物語が提示する問題と登場人物の価値観がちぐはぐなため、読みごたえがなくなってしまう原稿は多い。

神話学者ジョセフ・キャンベルは、「充実した人生を送るには、自分自身の喜びを追求することだ」と述べている。書くときにも、このアドバイスは最大限に当てはまる。私たちの重要問題と物語が提起する重要問題が一致するとき、私たちは情熱的に純粋に目的をもって書ける。

私も、そんな体験がある。私は子どもの頃からいじめっ子が大嫌いだった。小学校で一人の男の子が女の子全員をぶちはじめ、ついに私の親友をぶったとき、私は校庭の反対側からつかつかと歩み寄り、彼を殴った。「ジュリーはいじめっ子が嫌いだ」というのは、私の作家としての決定的要素だ。私の著書『ずっとやりたかったことを、やりなさい』は、いじめっ子を校庭で殴り倒したのとまったく同じ防衛的な衝動にかられて書かれている。私は人々の芸術性をそこねる振舞いに激怒し、そのために『ずっとやりたかったことを、やりなさい』を書いたのだ。

マーク・ブライアンは十代で父親となったが、息子と幼い頃に別れ、何年も息子のことが心から離れなかった。ブライアンは成長し、人生で何が重要なのかを振り返ったとき、息子との和解を望み、それを実現した。彼は七年間かけて調査し、情熱を傾けて、子どもを捨てた父親たちと父親に捨てられた子どもたちの和解と再会をテーマにした本を書いた。

作家が本人にとって重要なことの核心から書くとき、その原稿はしばしば個人的であると同時に力強い。しかし、作家がマーケットの動向を気にして個人的な投資をしないで書くとき、原稿の水準は作家にとっての重要性に比例して下がる。

作家としての義務の一部は、自分にとって重要なことを正直に判断し、それをテーマに書こうとすることだ。

私は『ずっとやりたかったことを、やりなさい』の出版社を探していたとき、当時つき合いのあった一流のエージェント、ウイリアム・モリス・エージェンシーに送って、「誰がこんな本を読むんですか。この本のマーケットはないと思いますよ」と突き返されたものだ。私はその否定的な答えに奮起して、自費出版した。何千部かが売れた頃、スーザン・シュルマンという信念あるエージェントの目にとまり、そこがターチャーに送って出版元となった。

そしてなんと、今だに版を重ね、すでに四百万部以上売れている。

『ずっとやりたかったことを、やりなさい』が提起する問題は、私にとってとても重要で個人的だった。だからこそ私は書き、しかもうまく書けたのだ。私は芸術家として生きのび、癒されるため、たくさんの戦略を編みだした。もしその本のテーマが私にとってそれほど重要でなかったら、これほど大きな成功は収めなかっただろう。マーケットを配慮して書くべきだと思いこんでいたら、『ずっとやりたかったことを、やりなさい』は存在しなかったのだ。

書くべきテーマを探すとき、私がしばしば使う単純なテクニックがある。一枚の白紙に、その時点で自分が考えていることを五項目書きだす。そしてリストを読み上げながら、どのテーマにもっとも惹きつけられるか、内なる感覚に注意を払うのだ。

例えば、私は「1・マネーロンダリング　2・超能力　3・児童虐待　4・社会の不正義、富の不平等　5・年をとること」というリストを書いた。読み返すと、私はとくに2と3に惹かれる。そして去年の私のフィクション作品を見直すと、超能力と児童虐待の両方を、広範囲にわたって書いてきているのだ。

私は今までの経験から、約三カ月ごとに自分をチェックして「興味を惹かれるもののリスト」を作ることにしている。リストに何年も留まるテーマもあって、それらは私が繰り返し書けるテーマだ。私にとってつねに重要な分野でもあり、私自身の価値観に深く根づいている。

おもしろいことに、売れ筋を狙って書くよりもっとも関心のあることについて書くとき、原稿はしばしばとてもうまく説得力をもつので、マーケットもその努力に応えてくれる。マーケットは私たちにとって重要な問題を書くために存在するのだと考えれば、マーケットの薄い層に向けて書くのは不名誉ではない。しかも、自分の興味から書くのと外の世界へ向けて書くのを両立させるという、贅沢な立場で書くことができる。

薄っぺらで説得力のない原稿になるのは、個人的に重要性を感じないテーマについてマーケットに目配りしながら書くときだけだ。私の場合は美容の本について書かないかというリクエストを断ってきた一方、セックスと暴力の危うい交差点についてしばしばうまく書いてきた。それは私にとって、女性としても親としても、とても重要なテーマだからだ。

シェイクスピアの道化師ポロニウスは、書くこととテーマについてぴったりのアドバイスをしている。

「そなた本人のものが真実だ。すると、夜が昼に続くようにあとのことはついてくるだろう。するとそなたは、誰をも裏切れないだろう」

エクササイズ

このワークはあなた自身の総チェックだ。自分を登場人物のように観察して、自分の性格の本質を学ぼう。一時間、外で書く。以下の質問に答えること。

1. あなたがよく読むテーマを三つ挙げよう。
2. あなたがよく考えるテーマを三つ挙げよう。
3. あなたが好きな本を五冊挙げよう。
4. それらの本は、テーマ、ジャンル、背景に関してどんな共通点があるか。登場人物は何を得たり失ったりしているか。愛、お金、健康、人生、生命か。
5. あなたの好きな映画を三つ挙げよう。
6. それらの映画は、テーマ、ジャンル、背景に関して、あなたの挙げた本とどんな共通点があるか。
7. あなたのお気に入りのおとぎ話は何か。
8. あなたのお気に入りの児童書は何か。
9. そのおとぎ話と児童書にはどんな共通点があるか。
10. あなたが今考えているテーマを五項目リストにしよう。
その中でもっとも興味を惹かれるテーマは何か。

41・引き延ばし

このエッセイは、いきなりオチから始めよう。「私はこのエッセイの執筆を引き延ばしてきた」そう、作家は書き、そして引き延ばす。しかし、その二つは正反対のプロセスで行われる。「僕は今、本当にすばらしい原稿を書いているんだ。たぶん、それでなかなか机に向かう気がしないんだよ」

とジョージは私に電話してきた。

「三行めからは調子がいい。でも、最初の二行を書くまで七転八倒するんだ」

と、詩人ジェームズ・ネイブは主張する。

引き延ばしの根本的な原因は、締切りの感覚を味わうためだ。締切りを目前にするとアドレナリンが駆けめぐり、内なる検閲官を圧倒できる。だから作家は、締切り直前に書き始めることによって検閲官をやり過ごそうとするのだ。

引き延ばしているとき、作家は「アイディアが浮かんだら書き始めよう」と自分に言っている。しかし実際、それはまったく正反対に作用する。ともかく書き始めるとポンプに呼び水が差され、アイディアの流れが動きだす。アイディアを前に進ませるのは書くという行為であって、アイディアが書くことを進ませるのではないのだ。

また、インスピレーションがないという理由で引き延ばすこともある。しかしインスピレーションという恩恵がなくても書けるし、しかもしばしばすばらしく書ける。

いつまでも同じプロジェクトに取り組み、次の作品に取りかかるのを引き延ばすこともある。時間ができたら書くつもりの原稿についてあれこれ幻想に浸るだけなら、リスクを冒さずにすむからだ。

引き延ばしは、書くという儀式の一部だ。ほとんどの作家は、本当は速くらくらくと書けることを知りたがらず、寝そべる場所を探す犬のように机の周りを数千回も回る。書くためにはただ書き始めなければならないという事実は無視され、引き延ばし中毒になるのだ。書いていない作家は、たいてい自己嫌悪と自己批判でいっぱいだ。引き延ばしは酒飲みの問題と似ていて、気が咎《とが》める小さな秘密なのだ。

いつまでも書かないための戦略はいくらでもでっち上げられる。電話でのおしゃべりは、よくある引き延ばし作戦だ。読書によって引き延ばす作家もいる。彼らはいつも、テーマにほんの少しでも関連のある資料を新たに見つけだし、自分の考えを組み立てるかわりに他人の考えを読むのだ。また、いつか書くつもりの作品について大量にメモをとり続け、書くのを引き延ばす作家もいる。

引き延ばしには特効薬があるが、ほとんどの作家はそれを知りたがらない。毎朝モーニングページを習慣づけると、内なる検閲官を脇に追いやれるので、原稿を引き延ばす理由がなくなる。アーティスト・デイトを実践すれば、内なる井戸からアイディアが流れだし、ページの上にあふれ出す。プロジェクトに関する不安や怒りをリストにして、書くためのチャンネルを開けるという戦略もある。さらに、メディアと断絶するという方法もある。新聞や雑誌を読まず、テレビや映画を観ずラジオを聞かないでいると、どれほど頑固に引き延ばしている人も熱意をもってページに向かわざるをえなくなる。

じつは、引き延ばしにはあきらめがたい見返りがある。「書けない作家」は、たくさんの否定的な注目を集められるのだ。人々は多作な作家に対する恐れを感じなくてすむので、「才能豊かだが書けない作家」に同情してくれる。

引き延ばしのもう一つの隠された見返りは、社会的な機能不全が許されることだ。「書かなくちゃいけないから」というのは、つき合いを断るのに好感を持たれる口実だ。流れるように書いている人には、人生の流れに乗らないための口実が一つもない。そして、それは私たちの多くにとってむしろ不安をかき立てられる状況なのだ。

「災いを招いているのは自分かもしれないと思うよ。本当は波に乗っているはずなのに、原稿に向かうのが大変なんだもの。恐れているのは才能の欠如じゃなくて、自分の才能そのものじゃないかって思うんだ」

と、グレッグは私に言う。

引き延ばしにさまざまな見返りがあったとしても、どれ一つとしてその治療ほどは重要でない。これも、引き延ばしが飲酒問題に非常に似ている点だ。あなたが飲み過ぎる理由などどうでもいい。重要なのは、ただ飲み過ぎないことだ。

引き延ばしの根底には幻想がある。私たちは書けるようになるだけでなく、完璧に書けるようになる神秘的な瞬間を待っているのだ。完璧主義への中毒を打ち砕こう。「書いてもいいと思えるまで待つ」と言わずに、「私はまた完璧主義者になっている」と心して、ともかく書きだすのだ。

エクササイズ
二〇ドルもって文房具店で一時間過ごすこと。すべりのいいすてきなペンを買おう。場面を分類するためのインデックスカードや、きれいな予備の紙、封筒や切手を買ってもいい。書くことを楽しみながら引き延ばすうちに書きたくなってくるはずだ。

42・実践

新しい小説、劇、映画を書き始めることを除いたら、新しい作家の集団を旅立たせるほど心躍ることはない。私は創造性開発講座で教えているが、最初の講義を始めるときはいつも深い喜びと高鳴る興奮を感じる。私は二十年前の教室の具体的な様子や射しこんだ光の加減まで、まだ思いだすことができる。そして、静かな確信がどんどん膨らんでいった感覚もよく覚えている。受講生たちは信じていなくても、彼らが書き始め、しかもよく書くということを、私は知っていたのだ。

私の講座は十二週間のコースで、通常四週間の一クールが三回で構成されている。受講生が熟練した作家だろうが新人だろうが、私はいつもコース一カ月めは同じ方法で始める。それは毎朝三ページ、手書きで書くという課題である。このモーニングページは作家稼業の絶対的な根幹である。モーニングページで自由に書くことを覚え、内なる検閲官を脇に追いやる訓練をするのだ。受講生は最初はきまって文句を言うが、すぐにモーニングページなしではすまなくなる。モーニングページは作家の内なる光を灯す最初のステップなのだ。

モーニングページを一カ月実践したら、「生育暦」を書く課題を出す。生育暦とは、それまでの人生を手書きで書きだすことで、受講生は最初は必ずこの課題にひるむ。生育暦は一カ月で完成しなければならない。

生育暦では事実だけを書く。そして事実だけを書いていると必然的に、洞察や深い連想だけでなく感情も浮かび上がる。なかでも大切なのは、過去の出来事に心惹かれ自分の価値を再発見できるということだ。生育暦を書いているうち、ごく自然にある種のエピソードや人々についてただの事実以上に書きたくなるものだ。そしてコース三カ月めではそれについて実際に深く書きだすのだ。

人生経験（cup）という言葉は、泥をすくって（scoop）不純物から金をより分ける道具（cupel）に由来するが、それはまさに私が受講生に与える課題そのものだ。受講生は生育暦を読み返して人生経験をすくいとり（scoop）、具体的な思い出、エピソード、人物、テーマについて書く。通常、体験記は数千語の長さで、タイプすると三ページから五ページになる。それらはのちに戯曲、映画脚本、短編、小説を書くときの理想的な素材だ。

「モーニングページを書いていたら、何かを書き始めずにいられないと思うよ」と、ダニエルは言う。ダニエルはモーニングページから始めて、今では映画脚本を何本かと、小説二作を書き上げた。「生育暦を書いていたら、自分と自分がもっている題材に恋せずにはいられないわ」と、生育暦がきっかけで女優から作家に転身したイブリンは言う。「私は体験記から六つのプロジェクトをつくったよ」と、テオは言う。彼は若い劇作家で、フリーの映画監督でもある。

私は作家志望者を出発させ、行き詰まった作家を復帰させるのに充分な情報を紹介してきた。あとは実践あるのみだ。

エクササイズ

一時間のライティング・デイトをしよう。友人と向かい合わせに座ったら、生育暦を書き始める。

生育暦は五年ごとに区切って書くのが望ましい。自分自身の見地から人生を俯瞰すること。あなたが力点を置きたいところは、家族の公式な見方とはかなり異なっているかもしれない。

例えば、家族が「私たちは田舎のすばらしい家に引っ越した」と書いたとしても、あなたは生育暦を書きながらその新しい家が大嫌いだったことに気づくかもしれない。

生育暦はあなたが自分独自の見方を勝ちとるために役立つ。何年もセラピーに通っても曖昧だったことが、ふいに明らかになった受講生もいる。人生にすばらしい題材が詰まっていることを発見して元気づけられる受講生も多い。自分の根源を探求し、豊かで魅力的な素材があることに気づくにつれ、「オリジナリティーに欠けるかも」という不安は消えていく。

43・書く権利

昨夜、私は十二人のお客を招待して、ローストチキン、トウモロコシのパン、サラダ、ビスケットと、イチゴ、モモ、サクランボの手作りパイをごちそうした。その中に一人「大作家」がいた。すばらしい夏の夕方で、夕食は完璧だった。全員にビスケットが回され、会話も弾んでいた。そう、大作家が書くことについて話し始めるまでは。彼は不平を言い始めた。「近頃は作家と名乗りたがる人が多すぎる。私は作家を気どって熱狂したことはなかった。私は苦しんできたんだ」

私は彼の話に巻きこまれまいと心に決めて、礼儀正しくうなずいた。私は彼の独り言をよく知っていた。みすぼらしい部屋で食べ物にも事欠いた芸術家の苦しみ。妻もいず、応援してくれる人も楽しみも全然なかったようだった。もっとも、私は罠にはまるつもりはなかった。夕食の招待客たちはみんな私が書くことをまったく違ったふうにとらえていることを知っていたので、私をちらちら見続けた。

「苦しみが芸術とどういう関係があるんですか。熱狂しなかったことに、何か意味があるんですか」

ついに娘ドメニカが声を上げたが、大作家は彼女を無視して、続けた。

「私は作家になるために日々戦ってきた。強い者だけが生き残るんだ」

食卓は葬式のように静まり返った。招待客の多くが好きで書いていたが、熱弁をふるう意地悪な大作家ほど売れている人はいなかった。大作家は続けた。

「自己表現のために書くのはかまわないが、軽々しく作家と名乗ったり、書いたものを原稿だなんて呼ぶべきではないよ。彼らは本当の作家ではないんだ。それからジュリア、きみの本（『ずっとやりたかったことを、やりなさい』）についてだけど、四百万部売れても僕はかまわない。あの本の利点は、テーブルのつっかえ棒になるってことだから。ともかく、猫も杓子《しゃくし》も書くべきじゃないんだ。くだらない作品はいい作家の出版の妨げになる。書くことはアマチュアにできることじゃない」

ついに彼は私を怒らせた。

「なにをおっしゃるの。どんな人にも書く権利があるのよ。才能があって強いサケみたいな人だけが生き残り作家になれるなんて、私は思わない。私は今までたくさんの人を教えてきたからわかるの。意地悪な教師や親、創造活動における事故や災難のせいで沈黙させられてきた声のなかには、もっとも美しい声もあるのよ。もしそういった声を回復する助けができるなら、私の本望だわ。受講生の中には書きたいと思い続けてきた五十代半ばの人もいて、そんな人がいったん書き始めるとそれこそ天使のように書くのよ」

大作家は気分を害し、リビングルームに去ってすねた。残った私たちが食事を終わらせ、コーヒーが配られたとき、若い女流画家が彼の隣にそっと座った。すると彼は再び熱弁をふるい始めたのだ。

「僕は受講生にジョイスは偉大な作家だと教えている。ジョイスにならら、私はAの評価をつけるだろう。ここにいるみなさんも、私にジョイスより立派な原稿を見せてくれないかぎり、もっともいい評価をするとしてもAマイナスだな」

大作家は尊大に言った。

私はストロベリーパイに集中しようとしたが、胃がきりきり痛むのを感じた。この大作家は、文章講座の講師でもあるのだ。彼の競争的なマッチョ主義に、繊細な若い作家が受けるダメージを想像して、私はたじろいだ。

夜が更けると、大作家は別れの挨拶をしにやってきた。

「あなたは私が今書いているものは大嫌いだと思うわ。私は作家という言葉は廃止すべきだ、と論じているの。すべての人が書くべきだってね。百万人のアマチュアが、小説を書くというただそれだけのために小説を書くべきだって。みんなはじめはアマチュアだったのよ。あなたはそれを忘れたの」

大作家は当時のことを明らかに覚えており、後込《しりご》みし始めた。

「僕たちはみんな虫けらだ。僕はどんな人の本も読むが、自分の本はトイレットペーパーにするね」

そう言い捨てて、彼は去った。彼が立ち去ったあと、残された招待客は円座になり毒抜きをした。

「彼はしょっちゅうあんなことを言っているんだ。エリート主義を気どっているだけさ。もっと悪いのは、彼の言うことは検閲よりさらにひどいってことだ。大作家だけが書いてもいいだって？　大作家かどうかなんて、誰が決めるんだい？」

と、ネイブは言った。

私はみんなに、誰もがかつては書いていたということを思いだしてほしいのだ。書きとめるための時間をとると、地に足を着けて生き、自分を大切にできる。書き合うことでお互いをより尊重できる。私は革命を起こしたいのだ。

自分の手に力を取り戻そう。自分に選択肢や声があることを思いだすのだ。私はこの世界が正義を回復することを望んでおり、書くことはそのために有効な道具だと感じている。欧米では人々は慌しく暮らし、瞑想の習慣ももちにくい。しかし、書くことは強力な瞑想の一種であり、もっと健全に生きる方法を教えてくれる。

書くことは芸術であり、芸術は生きることの一部である。私たちは真の人間として、芸術を創造する権利がある。私たちは全員、書く権利があるのだ。

エクササイズ

一時間とること。ロウソクを灯し、感動的な音楽をかけ、神聖な雰囲気を醸《かも》しだそう。書くことに関して自分と契約を結ぶのだ。契約書には以下の点が含まれる。

・モーニングページを九十日続けること。
・生育暦を完成させること。
・生育暦から引きだした五つの人生体験を詳しく書きだすこと。
・内なる作家を育み、内なる井戸を満たすために、毎週アーティスト・デイトをすること。

契約書は正式な書式にして、日付を入れ、署名しよう。

おめでとう！

訳者あとがき

本書の著者ジュリア・キャメロンは詩人、戯曲家、フィクションライター、エッセイストとして幅広い分野で活躍中の作家である。また、映画、テレビ、演劇にも多くのシナリオを提供し、ジャーナリストとして受賞経験もある。そして二十年以上前から、創造力を発揮して自由に書くことを指導する講師を務めている。

彼女を一躍有名にした（The Artist's Way）『ずっとやりたかったことを、やりなさい』（サンマーク出版）は、彼女自身が創造力を高めるために編みだしてきた方法を解説したワークブックである。最初は自費出版で始まったが、口コミで評判が伝わり、アメリカで四百万部以上も売れたベストセラーになっている。

ジュリアが言うように、人間には自分を表現する衝動があって、書きたいという本能的な欲求があるが、私たちは「うまく書かなくてはならない」という強迫観念のため自由に書けなくなっている。

本書は、作家として生きてきた彼女の「書くことへの讃歌」であると同時に、私たちが書けなくなってしまった理由をていねいにひもとき、自己表現の喜びを取り戻させてくれる、心強いエッセイである。

「書くことへの讃歌」である本書を翻訳しながら、私の心には書くことにまつわるさまざまな記憶がよぎった。

私は十代半ば、詩人アルチュール・ランボオの「見者の理論」に惹かれて詩を書いていたことがある。意識を極端に広げ、見えてくるイメージを書きとめていくのだ。筆者の言うとおり、書くことは修行であり、高次の世界へ続く扉を開ける。たしかに、当時書いた詩のいくつかは、少なくとも心理的現実のレベルで三年後に実現した。

しかし同時に、私はとても消耗した。目に映るすべてのものが圧倒的な意味をもって私に語りかけてきたのだ。私はその重さに耐えかね、このようなことを続けていたら体をもった人間として生きていかれなくなると思った。そして実際、私は書けなくなった。

そんなとき、私はあるヒーラーに「表現をつかさどる喉のチャクラが詰まっている」と言われた。半信半疑の私の喉に彼女が手をかざすと、あっという間に喉が熱くなり、悲しくもないのに涙があふれ出た。その場に居合わせた人は、私の喉にゴルフボール大の赤い発疹が現れたことに驚いていた。

翻訳を始めたのは本作りに携わりたいと思ったからだが、書くことに関するトラウマのリハビリという側面もあったように思う。原文を読んで日本語に置き換える作業は、著者の内的世界にチャネリングすることであり、イメージに向かって言葉という矢を放つ純粋なおもしろさがある。また、単語をビーズのようにつなげていく喜びを取り戻すのにも役立った。

幸い仕事には恵まれ、翻訳のほかにも執筆や編集も請け負うようになったが、不思議なことに、いつもそのときの私の状況にふさわしい原稿が手元にやってくる。まるで外側からのノックが、内なる宇宙で響いていた音楽的な何かを外の世界に引きだしてくれるようだ。そんなとき、私は空っぽの器で、文章が私を通して書かれたがっているのだ。

日本語には言霊《ことだま》という美しい言葉があるが、それは外の世界と内的宇宙が共振したときに生まれる倍音《ばいおん》なのかもしれない。

本書を翻訳した日々は、私にとって今後も忘れがたいだろう。筆者がそうであったように、私もこの翻訳作業をおむつ換えの合間に、時間をパッチワークのようにやりくりして進めたのだ。

出産という大きな区切りは、私にとって書くことの本質を見つめ直す機会でもあった。二十一世紀最初の年に産声を上げた私の息子は、不整脈と肺疾患を背負い、緊急帝王切開後三カ月も退院できなかった。

健康に産んであげられなかったことで自分を責め、産後の体調不良もあって鬱々としていたとき、私は「三年日記」を書き始めた。日々の悲しみや喜びを、久しぶりに手書きで書きとめたのである。

生きることと死ぬことが隣り合わせであることを、私は身にしみて感じた。いつになるにせよ、人は必ず死ぬ。そして私がいなくなったあと、もし息子が生きるのが苦しくなるときがあったら、私の遺していった日記を読んで、家族にどれほど愛されていたかを思いだしてほしいと思った。

彼に向けて書くとき、書くことは愛することであり、生きることだとわかった。彼のおかげで、私は書くことと本来の目的と力を思いだせたような気がする。

日記はもう二年めに入り、去年の嵐のような日々を振り返るようすがであると同時に、息子が日々確実に成長しているしるしになっている。たしかに筆者の言うとおり、書くことは継続しているという感覚と変化しているという感覚を味わわせてくれ、小さな幸福に敏感になる訓練になった。

息子は今、声を出すのが嬉しくてたまらないさかりで、機嫌がいいとずっと独り言を言っている。彼もやがて、言葉にはコミュニケーションという魔法の力が備わっていることに気づくだろう。

最後に、本書はページ数の都合上かなり編集を加えたことをお断りしておく。また、本書には言葉を愛する筆者ならではの掛詞《かけことば》がひんぱんに見られ、味わい深かったが、日本語で注釈をつけると煩雑になるため割愛した。

本書が多くの人を勇気づけ、自分の言葉を取り戻して人生を愛《いと》おしむ助けになるように祈りつつ。

二〇〇二年冬　矢鋪紀子

ジュリア・キャメロン(Julia Cameron)
“愛のため、お金のため、逃避のため、地に足をつけるため、関係をよくするため、関係を断ち切るため”書き続けている作家。エッセイ、フィクションをはじめ映画、テレビ、演劇のシナリオを手がけ、ジャーナリストとしての受賞経験もある。
書くことは本能の欲求なのだが、「うまく書かなければならない」という強迫観念がいかに人を邪魔してきたか。著者は、書くことの本質を楽しく語りながら、自由に書くことが、いかに人の喜びとなり、人生を深く味わう最良の自己表現へと転化するかを教えてくれる。前著に『The Artist's Way』(邦訳『ずっとやりたかったことを、やりなさい』サンマーク出版）など。

矢鋪　紀子（やしきのりこ）
慶応義塾大学文学部哲学科卒。翻訳家、フリーライター。
著書に、『シンプルに育てる生き方』(共書)、訳書に、『小さいことにくよくよするな！すぐ役立つセルフチェック』（R.カールソン著　以上サンマーク出版)、『女神のこころ』H.I.オースティン著　現代思潮新社)、『自然との対話』（イレーネ・ファン・リッペ＝ビースタフェルト著　風雲舎)、『小さな自信の芽を大きな木に育てる６０の方法』（リンダ・フィールド著　リック）など。

あなたも作家《さっか》になろう
初刷　二〇〇三年三月十五日
二刷　二〇一一年九月　五日
著　者　ジュリア・キャメロン
訳　者　矢鋪紀子
発行人　山平松生
発行所　株式会社　風雲舎
〒162-0805　東京都新宿区矢来町122　矢来第二ビル
電話　〇三―三二六九―一五一五（代）
注文専用　〇一二〇―三六六―五一五
FAX　〇三―三二六九―一六〇六
振替　〇〇一六〇―一―七二七七六
URL http://www.fuun-sha.co.jp/
E-mail info@fuun-sha.co.jp
印刷　真生印刷株式会社
製本　株式会社　難波製本

ISBN4-938939-30-4